L. Annaeus Seneca

De vita beata
Vom glücklichen Leben

Lateinisch / Deutsch

Übersetzt und herausgegeben
von Fritz-Heiner Mutschler

Philipp Reclam jun. Stuttgart

Für Hans Armin Gärtner zum 30. Juni 1990

Universal-Bibliothek Nr. 1849

Gesamtherstellung: Reclam, Ditzingen. Printed in Germany 1998

ISBN 3-15-001849-8

Inhalt

De vita beata

1 (1) Vivere, Gallio frater, omnes beate volunt, sed ad pervidendum quid sit quod beatam vitam efficiat caligant; adeoque non est facile consequi beatam vitam ut eo quisque ab ea longius recedat quo ad illam concitatius fertur, si via lapsus est; quae ubi in contrarium ducit, ipsa velocitas maioris intervalli causa fit.

Proponendum est itaque primum quid sit quod adpetamus; tunc circumspiciendum qua contendere illo celerrime possimus, intellecturi in ipso itinere, si modo rectum erit, quantum cotidie profligetur quantoque propius ab eo simus ad quod nos cupiditas naturalis inpellit. (2) Quam diu quidem passim vagamur non ducem secuti sed fremitum et clamorem dissonum in diversa vocantium, conteretur vita inter errores, brevis etiam si dies noctesque bonae menti laboremus. Decernatur itaque et quo tendamus et qua, non sine perito aliquo cui explorata sint ea in quae procedimus, quoniam quidem non eadem hic quae in ceteris peregrinationibus condicio est: in illis comprensus aliquis limes et interrogati incolae non patiuntur errare, at hic tritissima quaeque via et celeberrima maxime decipit.

Vom glücklichen Leben

1 (1) Glücklich leben, mein Bruder Gallio,[1] wollen alle; aber wenn es darum geht, zu durchschauen, was es ist, das ein glückliches Leben bewirkt, dann ist ihr Blick getrübt; und so wenig leicht ist es, das glückliche Leben zu erreichen, daß jeder sich um so weiter von ihm entfernt, je hastiger er zu ihm hineilt – wenn er sich im Weg geirrt hat: Wo dieser in die entgegengesetzte Richtung führt, wird die Eile selbst zur Ursache noch größerer Entfernung. Daher müssen wir uns zunächst einmal vor Augen stellen, was es ist, das wir anstreben; dann müssen wir Umschau halten, auf welchem Weg wir am schnellsten dorthin eilen können, wobei wir auf dem Marsch selbst erkennen werden – wenn er nur in die richtige Richtung geht –, wieviel täglich bewältigt wird und wieviel näher wir dem Punkt sind, zu dem uns ein natürliches Begehren hintreibt. (2) Solange wir freilich überall umherschweifen und nicht einem Führer folgen, sondern dem Lärmen und Durcheinanderschreien von Leuten, die uns in verschiedene Richtungen rufen, wird unser Leben mit Irrtümern vertan werden – kurz wie es selbst dann ist, wenn wir uns Tag und Nacht um eine vernünftige geistige Haltung bemühen. Daher muß sowohl entschieden werden, wohin wir streben sollen, als auch auf welchem Wege; nicht ohne einen Mann von Erfahrung, dem die Gegenden, in die wir ziehen, genau bekannt sind, da ja die Situation hier nicht dieselbe ist wie auf den übrigen Reisen: Auf jenen lassen es ein markierter Weg und Anwohner, die man befragt, nicht zu, daß man in die Irre geht; hier dagegen täuschen gerade die ausgetretensten und belebtesten Wege am meisten.

(3) Nihil ergo magis praestandum est quam ne pecorum ritu sequamur antecedentium gregem, pergentes non quo eundum est sed quo itur. Atqui nulla res nos maioribus malis inplicat quam quod ad rumorem componimur, optima rati ea quae magno adsensu recepta sunt, quodque exempla ⟨nobis pro⟩ bonis multa sunt nec ad rationem sed ad similitudinem vivimus. (4) Inde ista tanta coacervatio aliorum super alios ruentium. Quod in strage hominum magna evenit, cum ipse se populus premit – nemo ita cadit ut non et alium in se adtrahat, primique exitio sequentibus sunt – hoc in omni vita accidere videas licet. Nemo sibi tantummodo errat, sed alieni erroris et causa et auctor est; nocet enim adplicari antecedentibus et, dum unusquisque mavult credere quam iudicare, numquam de vita iudicatur, semper creditur, versatque nos et praecipitat traditus per manus error. Alienis perimus exemplis: sanabimur, si separemur modo a coetu. (5) Nunc vero stat contra rationem defensor mali sui populus. Itaque id evenit quod in comitiis, in quibus eos factos esse praetores idem qui fecere mirantur, cum se mobilis favor circumegit: eadem probamus, eadem reprehendimus; hic exitus est omnis

(3) Nichts muß daher in höherem Maße gewährleistet werden, als daß wir nicht wie das Vieh der Herde der Vorausziehenden folgen und unseren Weg nicht dorthin nehmen, wohin man gehen *muß*, sondern wohin man *geht*. Und doch verwickelt uns nichts in größere Übel, als daß wir uns nach dem Gerede richten und das für das Beste halten, was mit großer Zustimmung aufgenommen worden ist, und uns nicht an die guten, sondern an die vielen Beispiele halten und nicht auf die Vernunft, sondern auf die Anpassung hin leben. (4) Daher rührt diese riesige Anhäufung übereinanderstürzender Menschen. Was bei einem Massensturz geschieht, wenn das Volk sich drängt: Keiner fällt, ohne noch einen anderen auf sich zu ziehen, und die Vordersten bringen den Nachfolgenden Verderben – das kannst du überall im Leben sich ereignen sehen. Niemand geht nur für sich in die Irre, sondern jeder ist auch Grund und Urheber fremden Irrtums; denn es bringt Schaden, sich den Vorausgehenden anzuschließen, und indem jeder einzelne lieber glauben als urteilen will, wird über das Leben niemals geurteilt, sondern immer nur geglaubt, und der von Hand zu Hand gereichte Irrtum treibt uns hin und her und läßt uns stürzen. Am Beispiel anderer gehen wir zugrunde: Wir werden geheilt werden, wenn wir uns nur von der Masse absondern. (5) Jetzt aber steht das Volk als Verteidiger seines Übels gegen die Vernunft. Daher geschieht das, was bei Wahlen geschieht, bei denen sich darüber, daß gerade diese Männer zu Praetoren gewählt worden sind, dieselben Leute wundern, die sie gewählt haben – wenn die unbeständige Gunst sich gewendet hat: Dasselbe billigen und tadeln wir; dieses Ergebnis hat jeder Entscheidungsprozeß, bei dem die Entscheidung gemäß der Mehrheit getroffen

iudicii in quo secundum plures datur. **2** (1) Cum de beata vita agetur, non est quod mihi illud discessionum more respondeas: ‘haec pars maior esse videtur.’ Ideo enim peior est. Non tam bene cum rebus humanis agitur ut meliora pluribus placeant: argumentum pessimi turba est. (2) Quaeramus ergo quid optimum factu sit, non quid usitatissimum, et quid nos in possessione felicitatis aeternae constituat, non quid vulgo, veritatis pessimo interpreti, probatum sit. Vulgum autem tam chlamydatos quam coronatos voco; non enim colorem vestium quibus praetexta sunt corpora aspicio. Oculis de homine non credo, habeo melius et certius lumen quo a falsis vera diiudicem: animi bonum animus inveniat. Hic, si umquam respirare illi et recedere in se vacaverit, o quam sibi ipse verum tortus a se fatebitur ac dicet: (3) ‘quidquid feci adhuc infectum esse mallem, quidquid dixi cum recogito, mutis invideo, quidquid optavi inimicorum execrationem puto, quidquid timui, di boni, quanto levius fuit quam quod concupii! Cum multis inimicitias gessi et in gratiam ex odio, si modo ulla inter malos gratia est, redii: mihi ipsi nondum amicus sum. Omnem operam dedi ut me multitudini educerem et aliqua dote notabilem facerem: quid

wird. **2** (1) Wenn es um das glückliche Leben geht, gibt es keinen Grund, daß du mir wie bei den Abstimmungen die Formel zur Antwort gibst: »Dieser Teil scheint größer zu sein.« Deswegen ist er nämlich schlechter. Mit den menschlichen Verhältnissen steht es nicht so gut, daß der Mehrheit das Bessere gefällt: Der große Haufe ist ein Beweis für das Schlechteste. (2) Fragen wir also, was zu tun am besten ist, nicht, was am häufigsten getan wird, und was uns in den Besitz ewigen Glückes setzt, nicht, was die Masse, der schlechteste Vermittler der Wahrheit, gebilligt hat. Als Masse bezeichne ich aber ebenso Männer im Prachtgewand wie bekränzte Häupter;[2] denn ich sehe nicht auf die Farbe der Kleider, mit denen die Körper bedeckt sind. Den Augen traue ich, wo es um den Menschen geht, nicht; ich habe ein besseres und sichereres Auge, um vom Falschen das Wahre zu unterscheiden: Den Wert der Seele muß die Seele ausfindig machen. Wenn diese jemals Zeit hat, Atem zu schöpfen und in sich zurückzukehren, o wie wird sie, von sich selbst gequält, sich die Wahrheit gestehen und sagen: (3) »Was immer ich bis zu diesem Augenblick getan habe: ich wollte lieber, es wäre ungeschehen; was immer ich gesagt habe: wenn ich es bei mir überdenke, beneide ich die Stummen; was immer ich gewünscht habe: ich halte es für Feindesfluch; was immer ich gefürchtet habe: wieviel weniger schlimm war es als das, was ich begehrt habe! Mit vielen war ich verfeindet und bin aus dem Haß zu freundschaftlichem Einvernehmen – wenn es unter Schlechten überhaupt Einvernehmen gibt – zurückgekehrt; mir selbst bin ich noch nicht freund. Ich habe mir jegliche Mühe gegeben, um mich aus der Menge herauszuheben und durch irgendeinen Vorzug bemerkenswert zu machen: Was habe ich

aliud quam telis me opposui et malevolentiae quod morderet ostendi? (4) Vides istos qui eloquentiam laudant, qui opes sequuntur, qui gratiae adulantur, qui potentiam extollunt? omnes aut sunt hostes aut, quod in aequo est, esse possunt; quam magnus mirantium tam magnus invidentium populus est. Quin potius quaero aliquod usu bonum, quod sentiam, non quod ostendam? ista quae spectantur, ad quae consistitur, quae alter alteri stupens monstrat, foris nitent, introrsus misera sunt.' **3** (1) Quaeramus aliquod non in speciem bonum, sed solidum et aequale et a secretiore parte formosius; hoc eruamus. Nec longe positum est: invenietur, scire tantum opus est quo manum porrigas; nunc velut in tenebris vicina transimus, offensantes ea ipsa quae desideramus.

(2) Sed ne te per circumitus traham, aliorum quidem opiniones praeteribo – nam et enumerare illas longum est et coarguere: nostram accipe. Nostram autem cum dico, non alligo me ad unum aliquem ex Stoicis proceribus: est et mihi censendi ius. Itaque aliquem sequar, aliquem iubebo sententiam dividere, fortasse et post omnes citatus nihil inprobabo ex iis quae priores decreverint et dicam 'hoc amplius censeo'. (3) Interim, quod inter omnis Stoicos

anderes getan, als daß ich mich Geschossen ausgesetzt und der Mißgunst gezeigt habe, was sie angreifen könne. (4) Siehst du jene, die meine Beredsamkeit preisen, die meinem Reichtum nachlaufen, die vor meinem Einfluß kriechen, die meine Macht in den Himmel heben? Alle *sind* entweder Feinde oder, was auf das gleiche hinausläuft, *können es sein*; ebenso groß wie die Menge der Bewunderer ist die Menge der Neider. Warum suche ich nicht eher etwas, das tatsächlich gut ist, das ich empfinde, nicht vorzeige! Jene Dinge, die begafft werden, bei denen man stehen bleibt, die der eine dem anderen staunend zeigt, glänzen außen und sind innen jämmerlich.« **3** (1) Suchen wir also irgend etwas, das nicht zum Schein gut ist, sondern fest und sich gleichbleibend und auf der verborgeneren Seite schöner; das wollen wir ausfindig machen. Und es liegt nicht weit entfernt: Es wird sich finden lassen; man muß nur wissen, wohin man die Hand ausstrecken soll; jetzt gehen wir wie in der Dunkelheit ganz nahe daran vorbei, indem wir an eben das, wonach wir uns sehnen, geradezu anstoßen.

(2) Aber um dich nicht auf Umwege zu ziehen, will ich die Meinungen anderer übergehen – denn sowohl sie aufzuzählen würde zu weit führen als auch sie zu widerlegen; vernimm die unsere. Wenn ich aber »unsere« sage, dann lege ich mich damit nicht auf einen einzelnen unter den führenden Stoikern fest: Auch ich habe das Recht, ein Votum abzugeben. Daher werde ich mich dem einen anschließen, den anderen werde ich auffordern, seinen Antrag zu teilen, vielleicht auch werde ich, nach allen anderen aufgerufen, nichts von dem verwerfen, wofür sich meine Vorredner erklärt haben, und lediglich sagen: »Dies beantrage ich zusätzlich.« (3) Einstweilen pflichte

convenit, rerum naturae adsentior; ab illa non deerrare et ad illius legem exemplumque formari sapientia est. Beata est ergo vita conveniens naturae suae, quae non aliter contingere potest quam si primum sana mens est et in perpetua possessione sanitatis suae, deinde fortis ac vehemens, tunc pulcherrime patiens, apta temporibus, corporis sui pertinentiumque ad id curiosa non anxie, tum aliarum rerum quae vitam instruunt diligens sine admiratione cuiusquam, usura fortunae muneribus, non servitura. (4) Intellegis, etiam si non adiciam, sequi perpetuam tranquillitatem, libertatem, depulsis iis quae aut irritant nos aut territant; nam voluptatibus et ⟨doloribus spretis⟩ pro illis quae parva ac fragilia sunt et ipsis flagitiis noxia ingens gaudium subit, inconcussum et aequale, tum pax et concordia animi et magnitudo cum mansuetudine; omnis enim ex infirmitate feritas est.

4 (1) Potest aliter quoque definiri bonum nostrum, id est eadem sententia non isdem comprendi verbis. Quemadmodum idem exercitus modo latius panditur modo in angustum coartatur et aut in cornua sinuata media parte curvatur aut recta fronte explicatur, vis illi, utcumque

ich – worin unter allen Stoikern Übereinstimmung besteht – der Natur bei; von ihr nicht abzukommen und nach ihrem Gesetz und Beispiel sich zu richten ist Weisheit.

Glücklich ist also ein Leben in Übereinstimmung mit der eigenen Natur, das nur gelingen kann, wenn die Seele erstens gesund ist, und zwar in dauerndem Besitz ihrer Gesundheit, sodann tapfer und leidenschaftlich, ferner auf schöne Weise leidensfähig, den Zeitumständen gewachsen, um den ihr zugehörigen Körper und was mit ihm zusammenhängt besorgt, aber ohne Ängstlichkeit, ferner in bezug auf die anderen Dinge, die zur Lebensgestaltung dienen, gewissenhaft, aber ohne übertriebenes Interesse für irgend etwas, willens, die Geschenke des Glücks zu nutzen, nicht aber, ihnen zu dienen. (4) Du kannst erkennen, auch wenn ich es nicht eigens hinzufüge, daß der Freiheit die beständige Ruhe der Seele folgt, wenn einmal die Dinge vertrieben sind, die uns reizen oder schrecken; denn wenn Lust und Schmerz verachtet werden, dann tritt an die Stelle jener Dinge, die unbedeutend und brüchig und sogar durch Schandtaten schädlich sind, eine große Fröhlichkeit, die unerschütterlich ist und gleichmäßig, ferner Friede und Harmonie der Seele und Größe verbunden mit Milde; denn jegliche Ungebärdigkeit gründet auf Schwäche.

4 (1) Unser Gut kann auch anders bestimmt werden, das heißt, derselbe Aussageinhalt läßt sich auch in andere Worte fassen. Wie dasselbe Heer sich bald weiter auseinanderzieht, bald auf engem Raum zusammendrängt und sich entweder mit zu den Flügeln hin gekrümmtem Zentrum in einem Bogen formiert oder aber in gerader Front entfaltet und dennoch, wie immer es aufgestellt ist, die-

ordinatus est, eadem est et voluntas pro eisdem partibus standi, ita finitio summi boni alias diffundi potest et exporrigi, alias colligi et in se cogi. (2) Idem itaque erit, si dixero 'summum bonum est animus fortuita despiciens, virtute laetus' aut 'invicta vis animi, perita rerum, placida in actu cum humanitate multa et conversantium cura'. Licet et ita finire, ut beatum dicamus hominem eum cui nullum bonum malumque sit nisi bonus malusque animus, honesti cultorem, virtute contentum, quem nec extollant fortuita nec frangant, qui nullum maius bonum eo quod sibi ipse dare potest noverit, cui vera voluptas erit voluptatum contemptio. (3) Licet, si evagari velis, idem in aliam atque aliam faciem salva et integra potestate transferre; quid enim prohibet nos beatam vitam dicere liberum animum et erectum et interritum ac stabilem, extra metum, extra cupiditatem positum, cui unum bonum sit honestas, unum malum turpitudo, cetera vilis turba rerum nec detrahens quicquam beatae vitae nec adiciens, sine auctu ac detrimento summi boni veniens ac recedens? (4) Hunc ita fundatum necesse est, velit nolit, sequatur hilaritas continua et laetitia alta atque ex alto veniens, ut

selbe Kraft und denselben Willen, für dieselbe Seite einzustehen, besitzt, so kann die Bestimmung des höchsten Gutes das eine Mal ausgedehnt und ausgeweitet, das andere Mal verdichtet und in sich zusammengezogen werden. (2) Daher wird es dasselbe bedeuten, ob ich sage: »Das höchste Gut ist eine Seele, die auf das Zufällige herabsieht und sich an ihrer Tüchtigkeit freut« oder »die unbesiegbare Kraft der Seele, erfahren in den Dingen des Lebens, ruhig im Handeln, mit viel Menschlichkeit begabt und von der Sorge um diejenigen bestimmt, mit denen sie Umgang hat«. Man kann aber auch so definieren, daß man den Menschen glücklich nennt, für den es kein Gut und kein Übel gibt außer einer guten und einer schlechten Seele, der ein Verehrer des sittlich Guten ist, in der Tüchtigkeit Zufriedenheit findet, den das Zufällige weder übermütig werden läßt noch zerbricht, der kein größeres Gut kennt als das, das er sich selbst geben kann, für den wahre Lust die Verachtung der Lüste sein wird. (3) Wenn man weitschweifig sein wollte, könnte man dasselbe immer wieder in eine andere Form bringen, ohne daß der Bedeutungsinhalt angetastet oder gemindert würde; denn was hindert uns, als das glückliche Leben eine Seele zu bestimmen, die frei ist und aufrecht und unerschrocken und standhaft, die jenseits von Furcht, jenseits von Begierde steht, für die das einzige Gut die Sittlichkeit, das einzige Übel die Unsittlichkeit ist, das übrige aber ein wertloser Haufe von Dingen, der dem glücklichen Leben weder etwas entzieht noch ihm etwas hinzufügt, der ohne Mehrung und Minderung des höchsten Gutes kommt und wieder geht? (4) Wer auf diese Weise befestigt ist, den begleiten mit unausweichlicher Notwendigkeit eine beständige Heiterkeit und eine tiefe,

qui suis gaudeat nec maiora domesticis cupiat. Quidni ista bene penset cum minutis et frivolis et non perseverantibus corpusculi motibus? Quo die infra voluptatem fuerit, et infra dolorem erit; vides autem quam malam et noxiosam servitutem serviturus sit quem voluptates doloresque, incertissima dominia inpotentissimaque, alternis possidebunt: ergo exeundum ad libertatem est. (5) Hanc non alia res tribuit quam fortunae neglegentia: tum illud orietur inaestimabile bonum, quies mentis in tuto conlocatae et sublimitas expulsisque erroribus ex cognitione veri gaudium grande et inmotum comitasque et diffusio animi, quibus delectabitur non ut bonis sed ut ex bono suo ortis.

5 (1) Quoniam liberaliter agere coepi, potest beatus dici qui nec cupit nec timet beneficio rationis, quoniam et saxa timore et tristitia carent nec minus pecudes; non ideo tamen quisquam felicia dixerit quibus non est felicitatis intellectus. (2) Eodem loco pone homines quos in numerum pecorum et inanimalium redegit hebes natura et ignoratio sui. Nihil interest inter hos et illa, quoniam illis nulla ratio est, his prava et malo suo atque in perversum

aus der Tiefe kommende Freude, da er das Seine genießt und Größeres als das, was ihm gehört, nicht begehrt. Warum sollte er dies nicht hochschätzen im Vergleich mit den unbedeutenden und armseligen und nicht andauernden Regungen seines kleinen Körpers. An dem Tag, an dem er unter dem Einfluß der Lust steht, wird er auch unter dem Einfluß des Schmerzes stehen; du siehst aber, welch schlimme und schuldhafte Knechtschaft der leisten wird, den Lüste und Schmerzen, die unbeständigsten und unbeherrschtesten Herren, abwechselnd in Besitz haben; aufbrechen muß man also in die Freiheit. (5) Diese wird durch nichts anderes zuteil als durch die Verachtung des Geschicks. Dann wird jenes unschätzbare Gut entstehen: die Ruhe und Erhabenheit eines Geistes, der einen sicheren Standort hat, und wenn die Irrtümer vertrieben sind, aufgrund der Erkenntnis des Wahren eine großartige und unerschütterliche Fröhlichkeit und eine heitere Freundlichkeit und Gelöstheit der Seele, an denen sie sich freuen wird – nicht wie an Gütern, sondern wie an etwas, das aus dem ihr eigenen Gut entstanden ist.

5 (1) Da ich ja nun einmal eine ausführliche Erörterung begonnen habe: Glücklich kann genannt werden, wer weder begehrt noch fürchtet – dank der Vernunft: Es sind ja auch Steine von Furcht und Traurigkeit frei und ebenso Tiere; dennoch wird deswegen niemand glücklich nennen, was kein Bewußtsein seines Glückes hat. (2) Auf dieselbe Stufe stelle ich Menschen, die ihr stumpfes Wesen und die Unkenntnis ihrer selbst unter das Vieh und die unbelebten Dinge versetzt haben. Kein Unterschied besteht zwischen diesen und jenen, da ja jene keine Vernunft haben, diese aber eine, die verdorben und zu ihrem eigenen Übel und zum Verkehrten erfinderisch ist; denn

sollers; beatus enim dici nemo potest extra veritatem proiectus. (3) Beata ergo vita est in recto certoque iudicio stabilita et inmutabilis. Tunc enim pura mens est et soluta omnibus malis, quae non tantum lacerationes sed etiam vellicationes effugerit, statura semper ubi constitit ac sedem suam etiam irata et infestante fortuna vindicatura.

(4) Nam quod ad voluptatem pertinet, licet circumfundatur undique et per omnis vias influat animumque blandimentis suis leniat aliaque ex aliis admoveat quibus totos partesque nostri sollicitet, quis mortalium, cui ullum superest hominis vestigium, per diem noctemque titillari velit et deserto animo corpori operam dare? **6** (1) 'Sed animus quoque' inquit 'voluptates habebit suas.' Habeat sane sedeatque luxuriae et voluptatium arbiter; inpleat se eis omnibus quae oblectare sensus solent, deinde praeterita respiciat et exoletarum voluptatium memor exultet prioribus futurisque iam immineat ac spes suas ordinet et, dum corpus in praesenti sagina iacet, cogitationes ad futura praemittat: hoc mihi videbitur miserior, quoniam mala pro bonis legere dementia est. Nec sine sanitate quisquam beatus est nec sanus cui obfutura pro optimis adpetuntur.

glücklich kann niemand genannt werden, der sich außerhalb der Wahrheit niedergeworfen hat. (3) Glücklich ist also ein Leben, das auf ein richtiges und sicheres Urteil gegründet und daher unwandelbar ist. Dann nämlich ist der Geist rein und von allen Übeln frei, weil er sich nicht nur den zerfleischenden Angriffen, sondern auch den Sticheleien entzogen hat, willens, immer dort zu stehen, wo er sich hingestellt hat, und seinen Platz, auch wenn das Schicksal zürnt und feindlich anstürmt, zu behaupten.
(4) Denn was die Lust betrifft: Mag sie uns auch von allen Seiten umfließen und auf allen Wegen in uns einströmen und die Seele mit ihren Schmeicheleien nachgiebig stimmen und ein Mittel nach dem anderen anwenden, um uns insgesamt oder Teile von uns zu erregen: Wer von den Sterblichen, in dem auch nur die Spur eines Menschen übrig ist, will wohl Tag und Nacht gekitzelt werden und seine Seele im Stich lassen und sich nur noch um seinen Körper kümmern? **6** (1) »Aber auch die Seele«, sagt er, »wird ihre Lüste haben.« Mag sie sie haben und mag sie dasitzen als Gebieterin über Genußsucht und Lüste; mag sie sich mit all den Dingen anfüllen, die die Sinne zu erfreuen pflegen, mag sie dann auf das Vergangene zurückblicken und der verflossenen Lüste eingedenk über die früheren frohlocken und auf die zukünftigen schon hindrängen, mag sie ihre Hoffnungen ordnen und, während der Körper in der gegenwärtigen Schwelgerei liegt, ihre Gedanken in die Zukunft vorausschicken: Desto elender wird sie mir erscheinen, da ja Schlechtes statt Gutem zu wählen Wahnsinn ist. Nicht aber ist ohne geistige Gesundheit irgend jemand glücklich, noch ist jemand geistig gesund, von dem Schädliches anstelle des Besten erstrebt wird.

(2) Beatus ergo est iudicii rectus; beatus est praesentibus qualiacumque sunt contentus amicusque rebus suis; beatus est is cui omnem habitum rerum suarum ratio commendat.

7 (1) Vident et in iliis qui summum bonum dixerunt quam turpi illud loco posuerint. Itaque negant posse voluptatem a virtute diduci et aiunt nec honeste quemquam vivere ut non iucunde vivat, nec iucunde ut non honeste quoque. Non video quomodo ista tam diversa in eandem copulam coiciantur. Quid est, oro vos, cur separari voluptas a virtute non possit? videlicet, quia omne bonis ex virtute principium est, ex huius radicibus etiam ea quae vos et amatis et expetitis oriuntur? Sed si ista indiscreta essent, non videremus quaedam iucunda sed inhonesta, quaedam vero honestissima sed aspera, per dolores exigenda. (2) Adice nunc quod voluptas etiam ad vitam turpissimam venit, at virtus malam vitam non admittit, et infelices quidam non sine voluptate, immo ob ipsam voluptatem sunt; quod non eveniret si virtuti se voluptas inmiscuisset, qua virtus saepe caret, numquam indiget. (3) Quid dissimilia, immo diversa componitis? Altum quiddam est virtus, excelsum et regale, invictum infatigabile: voluptas humile servile, inbecillum caducum, cuius statio ac domicilium fornices

(2) Glücklich ist also, wer richtig urteilt; glücklich ist, wer mit den gegenwärtigen Umständen, wie immer sie sind, zufrieden und seinen Verhältnissen freund ist; glücklich ist derjenige, dem die Vernunft den Gesamtzustand seiner Verhältnisse empfiehlt.

7 (1) Es sehen auch diejenigen, die das höchste Gut in den Bauch verlegt haben, an welch schändliche Stelle sie es gesetzt haben. Deswegen leugnen sie, daß die Lust von der Tugend getrennt werden könne, und sagen, daß weder irgend jemand sittlich gut lebe, ohne angenehm zu leben, noch angenehm, ohne auch sittlich gut. Ich kann nicht sehen, wie diese so verschiedenartigen Dinge sich in eine Verbindung zusammenzwingen lassen. Was für einen Grund gibt es, ich bitte euch, daß die Lust von der Tugend nicht getrennt werden könnte? Natürlich: Weil das Gute jeglichen Anfang in der Tugend hat, entsteht aus deren Wurzeln auch das, was ihr liebt und erstrebt? Aber wenn diese Dinge untrennbar wären, dann würden wir nicht sehen, daß manche Dinge angenehm, aber unanständig, manche dagegen überaus anständig, aber mühselig sind und unter Schmerzen vollbracht werden müssen. (2) Füg' nun hinzu, daß Lust auch dem schändlichsten Leben zuteil wird, die Tugend aber ein schlechtes Leben nicht gestattet, und daß manche nicht ohne Lust, ja sogar gerade wegen der Lust unglückselig sind, was nicht geschähe, wenn der Tugend die Lust sich beigemischt hätte, deren die Tugend oft ermangelt, niemals bedarf. (3) Warum fügt ihr Ungleiches, ja Entgegengesetztes zusammen? Etwas Hohes ist die Tugend, etwas Erhabenes und Königliches, Unbesiegbares, Unermüdliches; die Lust ist etwas Niedriges, Knechtisches, Schwaches, Hinfälliges, dessen Quartier und Wohnung zwielichtige Gewölbe und Gar-

et popinae sunt. Virtutem in templo convenies, in foro in curia, pro muris stantem, pulverulentam coloratam, callosas habentem manus: voluptatem latitantem saepius ac tenebras captantem circa balinea ac sudatoria ac loca aedilem metuentia, mollem enervem, mero atque unguento madentem, pallidam aut fucatam et medicamentis pollinctam. (4) Summum bonum immortale est, nescit exire, nec satietatem habet nec paenitentiam; numquam enim recta mens vertitur nec sibi odio est nec quicquam mutavit optima. At voluptas tunc cum maxime delectat extinguitur; non multum loci habet, itaque cito inplet et taedio est et post primum impetum marcet. Nec id umquam certum est cuius in motu natura est: ita ne potest quidem ulla eius esse substantia quod venit transitque celerrime in ipso usu sui periturum; eo enim pertendit ubi desinat, et dum incipit spectat ad finem.

8 (1) Quid quod tam bonis quam malis voluptas inest nec minus turpes dedecus suum quam honestos egregia delectant? Ideoque praeceperunt veteres optimam sequi vitam, non iucundissimam, ut rectae ac bonae voluntatis non dux sed comes sit voluptas. Natura enim duce utendum est; hanc ratio observat, hanc consulit.

(2) Idem est ergo beate vivere et secundum naturam. Hoc

küchen sind. Die Tugend wirst du im Tempel antreffen, auf dem Forum, in der Kurie, vor den Mauern stehend, staubbedeckt, braungebrannt, mit schwieligen Händen; die Lust, wie sie sich des öfteren versteckt hält und die Verborgenheit sucht bei Bädern und Schwitzstuben und Orten, die den Ädil fürchten,[3] weichlich und kraftlos, von Wein und Salböl triefend, bleich oder geschminkt und einbalsamiert. (4) Das höchste Gut ist unsterblich, es weiß nicht zugrunde zu gehen, es kennt weder Sattheit noch Reue; denn niemals wandelt sich die rechte Denkart noch haßt sie sich jemals, noch hat jemals irgend etwas das Beste verändert. Die Lust aber erlischt gerade dann, wenn sie am meisten ergötzt; sie hat nicht viel Raum, deswegen sättigt sie rasch und bereitet Überdruß und erschlafft nach der ersten Aufwallung. Denn niemals ist dasjenige zuverlässig, dessen Wesen in der Bewegung liegt: so ist es durchaus unmöglich, daß das einen festen Gehalt hat, was sehr schnell kommt und vorübergeht, dazu bestimmt, bereits in seinem Vollzug zugrunde zu gehen; es gelangt nämlich da an sein Ziel, wo es aufhört, und während es beginnt, ist es schon auf sein Ende ausgerichtet.

8 (1) Wie steht es nun damit, daß Gutem ebenso wie Schlechtem Lust innewohnt, und die moralisch Minderwertigen ihre Schändlichkeit nicht weniger erfreut als die sittlich Hochstehenden hervorragendes Verhalten? Deswegen haben ja die Alten die Vorschrift erteilt, der besten Lebensform zu folgen, nicht der angenehmsten, damit für den rechten und guten Willen die Lust nicht Führerin, sondern Begleiterin sei. Die Natur nämlich muß man zur Führerin nehmen; auf sie achtet die Vernunft, sie fragt sie um Rat.

(2) Dasselbe also ist es, glücklich und gemäß der Natur zu

quid sit iam aperiam: si corporis dotes et apta naturae conservarimus diligenter et inpavide tamquam in diem data et fugacia, si non subierimus eorum servitutem nec nos aliena possederint, si corpori grata et adventicia eo nobis loco fuerint quo sunt in castris auxilia et armaturae leves – serviant ista, non imperent – ita demum utilia sunt menti. (3) Incorruptus vir sit externis et insuperabilis miratorque tantum sui,

fidens animo atque in utrumque paratus,

artifex vitae; fiducia eius non sine scientia sit, scientia non sine constantia; maneant illi semel placita nec ulla in decretis eius litura sit. Intellegitur, etiam si non adiecero, compositum ordinatumque fore talem virum et in iis quae aget cum comitate magnificum. (4) [erat vera] Ratio vero sensibus inritata et capiens inde principia – nec enim habet aliud unde conetur aut unde ad verum impetum capiat – in se revertatur. Nam mundus quoque cuncta complectens rectorque universi deus in exteriora quidem tendit, sed tamen introsum undique in se redit. Idem nostra mens faciat: cum secuta sensus suos per illos se ad externa porrexerit, et illorum et sui potens sit. (5) Hoc modo una efficietur vis ac

leben. Was dies bedeutet, will ich jetzt deutlich machen: Wenn wir unsere körperlichen Anlagen und unsere naturgemäße Ausstattung sorgsam und doch ohne Ängstlichkeit bewahren – für den Tag gegeben und vergänglich wie sie sind –, wenn wir uns nicht in ihre Knechtschaft begeben und uns nicht Fremdes in Besitz nimmt, wenn die Dinge, die für den Körper angenehm sind und die von außen kommen, für uns die Stelle eingenommen haben, die im Heerwesen die Hilfstruppen und Leichtbewaffneten einnehmen – dienen sollen diese, nicht herrschen –, dann erst sind sie unserem Geist nützlich. (3) Unbestechlich durch äußere Dinge soll ein Mann sein und unbezwingbar, ein Bewunderer nur seiner selbst, ›vertrauend auf seine Seele und auf das eine wie auf das andere vorbereitet‹,[4] ein Bildner seines Lebens; seine Zuversicht soll nicht ohne Wissen sein, sein Wissen nicht ohne Festigkeit; bestehen bleiben soll für ihn das einmal Beschlossene, und keine Änderung soll es in seinen Entscheidungen geben. Man sieht, auch wenn ich es nicht eigens hinzufüge, daß ein solcher Mann gesetzt und ausgeglichen sein wird und in dem, was er tut, zugleich freundlich und hochherzig. (4) Die Vernunft aber soll, von den Sinnen angeregt und von dort ihren Ausgang nehmend – denn sie hat nichts anderes, von wo aus sie ihr Unternehmen beginnen oder von wo aus sie ihren Anlauf zur Wahrheit nehmen könnte –, zu sich zurückkehren. Denn auch der Kosmos, der alles umfaßt, und der Lenker des Universums, Gott, strebt zwar zum Äußeren hin, kehrt aber dennoch von überallher nach innen zu sich zurück. Dasselbe tue unser Geist: Wenn er sich, seinen Sinnen folgend, durch sie zu den äußeren Dingen hin ausgestreckt hat, dann sei er ihrer und seiner selbst mächtig. (5) Auf

potestas concors sibi et ratio illa certa nascetur, non dissidens nec haesitans in opinionibus comprensionibusque nec in persuasione, quae cum se disposuit et partibus suis consensit et, ut ita dicam, concinuit, summum bonum tetigit. (6) Nihil enim pravi, nihil lubrici superest, nihil in quo arietet aut labet; omnia faciet ex imperio suo nihilque inopinatum accidet, sed quidquid agetur in bonum exibit facile et parate et sine tergiversatione agentis; nam pigritia et haesitatio pugnam et inconstantiam ostendit. Quare audaciter licet profitearis summum bonum esse animi concordiam; virtutes enim ibi esse debebunt ubi consensus atque unitas erit: dissident vitia.

9 (1) 'Sed tu quoque' inquit 'virtutem non ob aliud colis quam quia aliquam ex illa speras voluptatem.' Primum non, si voluptatem praestatura virtus est, ideo propter hanc petitur; non enim hanc praestat, sed et hanc, nec huic laborat, sed labor eius, quamvis aliud petat, hoc quoque adsequetur. (2) Sicut in arvo quod segeti proscissum est aliqui flores internascuntur, non tamen huic herbulae, quamvis delectet oculos, tantum operis insumptum est – aliud fuit serenti propositum, hoc supervenit – sic volup-

diese Weise wird eine einheitliche Kraft zustande kommen und ein Vermögen, das mit sich in Einklang steht, und es wird jene sichere und verläßliche Vernunft entstehen, die nicht mit sich uneins ist, die weder in ihren Meinungen und Begriffen unentschieden ist noch in ihrer Überzeugung, die, wenn sie sich geordnet hat und mit ihren Teilen zur Übereinstimmung und sozusagen zur Harmonie gelangt ist, an das höchste Gut heranreicht. (6) Denn dann ist nichts Verkehrtes, nichts Bedenkliches mehr übrig, nichts, woran sie sich stößt oder worauf sie ausgleitet; alles wird sie auf eigene Anordnung tun, und nichts Unvermutetes wird geschehen, sondern was immer sich vollziehen wird, wird zum Guten ausgehen: leicht, prompt und ohne Zurückweichen des Handelnden; denn Trägheit und Zögern deuten auf Kampf und Unbeständigkeit hin. Deswegen darf man kühn erklären, daß das höchste Gut die Harmonie der Seele ist; denn die Tugenden müssen dort sein, wo Übereinstimmung und Einheit bestehen; uneins sind die Laster.

9 (1) »Aber auch du«, sagt er, »bemühst dich um die Tugend eben deswegen, weil du von ihr irgendeine Lust erhoffst.« Zunächst: Falls die Tugend Lust verschaffen sollte, wird sie deswegen doch nicht um der Lust willen erstrebt; denn sie verschafft diese nicht schlechthin, sondern zusätzlich, und sie bemüht sich nicht um sie, sondern ihre Mühe wird, obwohl sie auf anderes aus ist, auch dieses erreichen. (2) Wie auf einem Acker, der für die Saat umgebrochen worden ist, hier und da irgendwelche Blumen wachsen und dennoch nicht für dieses Pflänzchen, wie sehr es auch das Auge erfreuen mag, so viel Arbeit aufgewendet wurde – eine andere Absicht hatte der Säende, dieses ist hinzugekommen –, so ist die Lust nicht

tas non est merces nec causa virtutis sed accessio, nec quia delectat placet, sed, si placet, et delectat. (3) Summum bonum in ipso iudicio est et habitu optimae mentis, quae cum suum inplevit et finibus se suis cinxit, consummatum est summum bonum nec quicquam amplius desiderat; nihil enim extra totum est, non magis quam ultra finem. (4) Itaque erras cum interrogas quid sit illud propter quod virtutem petam; quaeris enim aliquid supra summum. Interrogas quid petam ex virtute? ipsam. Nihil enim habet melius [enim], ipsa pretium sui. An hoc parum magnum est? Cum tibi dicam 'summum bonum est infragilis animi rigor et providentia et sublimitas et sanitas et libertas et concordia et decor', aliquid etiamnunc exigis maius ad quod ista referantur? Quid mihi voluptatem nominas? hominis bonum quaero, non ventris, qui pecudibus ac beluis laxior est.

10 (1) 'Dissimulas' inquit 'quid a me dicatur; ego enim nego quemquam posse iucunde vivere nisi simul et honeste vivit, quod non potest mutis contingere animalibus nec bonum suum cibo metientibus. Clare, inquam, ac palam testor hanc vitam quam ego iucundam voco non nisi adiecta virtute contingere.' (2) Atqui quis ignorat plenissimos esse voluptatibus vestris stultissimos quosque et nequitiam abundare iucundis animumque ipsum genera

der Lohn und nicht der Zweck der Tugend, sondern eine Zugabe, und sie findet nicht Beifall, weil sie Vergnügen bereitet, sondern, wenn sie Beifall findet, dann bereitet sie auch Vergnügen. (3) Das höchste Gut liegt in der Urteilskraft selbst und in der Verfassung der besten Seele; wenn diese ihr Wesen erfüllt und sich mit den ihr zukommenden Grenzen umgeben hat, dann ist das höchste Gut vollendet und verlangt nichts weiter; denn außerhalb des Ganzen gibt es nichts, ebensowenig wie jenseits der äußersten Grenze. (4) Daher irrst du, wenn du fragst, was es sei, dessentwegen ich nach der Tugend strebe; denn du fragst nach etwas über dem Höchsten. Du fragst, was ich von der Tugend haben will. Sie selbst. Denn sie besitzt nichts Besseres, sie ist selbst ihr Preis. Oder ist das etwa zu unbedeutend? Wenn ich dir sagte: »Das höchste Gut ist die unzerbrechliche Festigkeit der Seele, ihre Voraussicht, Erhabenheit, Gesundheit, Freiheit, Harmonie und Schönheit«, forderst du dann noch irgend etwas Bedeutenderes, worauf diese Dinge sich beziehen? Was nennst du mir die Lust? Nach dem Gut für Menschen frage ich, nicht nach dem für den Bauch, der beim Vieh und bei den wilden Tieren dehnbarer ist.

10 (1) »Du tust, als ob du nicht verstündest«, sagt er, »was ich meine; ich behaupte nämlich, daß niemand angenehm leben kann, wenn er nicht zugleich auch anständig lebt, was den stummen Tieren nicht gelingen kann und auch nicht denjenigen, die ihr Gut nach der Nahrung bemessen. Deutlich, sage ich, und offen bekunde ich, daß dieses Leben, das ich angenehm nenne, nur wenn die Tugend hinzutritt, gelingt.« (2) Und doch: Wer weiß nicht, daß gerade die Törichtesten eure Lüste am reichlichsten genießen und die Liederlichkeit von Annehmlichkeiten über-

voluptatis prava et multa suggerere? – in primis insolentiam et nimiam aestimationem sui tumoremque elatum super ceteros et amorem rerum suarum caecum et inprovidum et ex minimis ac puerilibus causis exultationem, iam dicacitatem ac superbiam contumeliis gaudentem, desidiam dissolutionemque segnis animi, deliciis fluentis, indormientis sibi. (3) Haec omnia virtus discutit et aurem pervellit et voluptates aestimat antequam admittat nec quas probavit magni pendit; non utique enim admittit nec usu earum sed temperantia laeta est. Temperantia autem, cum voluptates minuat, summi boni iniuria est. Tu voluptatem complecteris, ego compesco; tu voluptate frueris, ego utor; tu illam summum bonum putas, ego nec bonum; tu omnia voluptatis causa facis, ego nihil.

11 (1) Cum dico me nihil voluptatis causa facere, de illo loquor sapiente, cui soli concedis voluptatem. Non voco autem sapientem supra quem quicquam est, nedum voluptas. Atqui ab hac occupatus quomodo resistet labori et periculo, egestati et tot humanam vitam circumstrepentibus minis? Quomodo conspectum mortis, quomodo dolores feret, quomodo mundi fragores et tantum acerrimorum hostium, a tam molli adversario victus? 'Quidquid voluptas suaserit faciet.' Age, non vides quam multa suasura sit? (2) 'Nihil' inquit 'poterit turpiter suadere,

fließt und die Seele selbst viele verkehrte Arten von Lust verschafft? Insbesondere Einbildung und übermäßiges Selbstbewußtsein und aufgeblasene Überhebung über die anderen und blinde, unbedachte Eigenliebe und Frohlokken aus kleinsten, kindischen Anlässen, ferner Neigung zu Sticheleien und Hochmut, der sich an Schmähungen freut, Trägheit und Zügellosigkeit einer energielosen Seele, die sich in Genüssen verliert, die vor sich hindämmert. (3) All diese Dinge vertreibt die Tugend, sie kneift ins Ohr und mustert die Lüste kritisch, bevor sie sie zuläßt, und auch die, die sie billigt, schätzt sie nicht hoch; denn sie läßt sie nicht um jeden Preis zu und freut sich nicht an ihrem Gebrauch, sondern an ihrer Mäßigung. Mäßigung aber, da sie die Lüste mindert, ist ein Unrecht am höchsten Gut. Du umarmst die Lust, ich halte sie im Zaum; du genießt die Lust, ich gebrauche sie; du hältst sie für das höchste Gut, ich nicht einmal für ein Gut; du tust alles um der Lust willen, ich nichts.

11 (1) Wenn ich sage, daß ich nichts um der Lust willen tue, dann spreche ich von jenem Weisen, dem allein du Lust zugestehst. Ich aber nenne denjenigen nicht einen Weisen, der irgend etwas über sich hat, ganz zu schweigen von der Lust. Vielmehr: Wie wird er, von dieser in Beschlag genommen, der Anstrengung und der Gefahr widerstehen, der Armut und den zahlreichen Bedrohungen, die das menschliche Leben umtosen? Wie wird er den Anblick des Todes, wie Schmerzen ertragen, wie das Erdröhnen des Weltalls und eine so große Zahl grimmigster Feinde, wenn er von einem so weichlichen Gegner besiegt wird? »Er wird tun, was immer die Lust ihm anrät.« Nun denn, siehst du nicht, wieviel sie anraten wird? (2) »Nichts«, sagt er, »wird sie auf schändliche

quia adiuncta virtuti est.' Non vides iterum quale sit summum bonum cui custode opus est ut bonum sit? Virtus autem quomodo voluptatem reget, quam sequitur, cum sequi parentis sit, regere imperantis? a tergo ponis quod imperat? Egregium autem habet virtus apud vos officium, voluptates praegustare! (3) Sed videbimus an apud quos tam contumeliose tractata virtus est adhuc virtus sit, quae habere nomen suum non potest, si loco cessit; interim, de quo agitur, multos ostendam voluptatibus obsessos, in quos fortuna omnia munera sua effudit, quos fatearis necesse est malos. (4) Aspice Nomentanum et Apicium, terrarum ac maris, ut isti vocant, bona conquirentis et super mensam recognoscentis omnium gentium animalia; vide hos eosdem e suggestu rosae despectantis popinam suam, aures vocum sono, spectaculis oculos, saporibus palatum suum delectantis; mollibus lenibusque fomentis totum lacessitur eorum corpus et, ne nares interim cessent, odoribus variis inficitur locus ipse in quo luxuriae parentatur. Hos esse in voluptatibus dices, nec tamen illis bene erit, quia non bono gaudent.

12 (1) 'Male' inquit 'illis erit, quia multa intervenient quae perturbent animum et opiniones inter se contrariae men-

Weise anraten können, weil sie der Tugend verbunden ist.« Siehst du nun nicht wiederum, was für ein höchstes Gut das ist, das einen Wächter nötig hat, um gut zu sein? Wie aber wird die Tugend die Lust lenken, der sie folgt, da doch zu folgen den kennzeichnet, der gehorcht, zu lenken den, der befiehlt? Nach hinten setzt du, was befiehlt? Aber es hat ja die Tugend bei euch eine außerordentliche Aufgabe: die Lüste vorzukosten. (3) Doch wir werden noch sehen, ob die Tugend da, wo sie so schändlich behandelt wurde, noch Tugend ist, kann sie doch ihren Namen nicht behalten, wenn sie von ihrem Platz gewichen ist; einstweilen – denn darum geht es – verweise ich auf die vielen, die von den Lüsten beherrscht werden, über die das Glück alle seine Gaben ausgegossen hat und von denen du doch eingestehen mußt, daß sie schlecht sind. (4) Sieh dir Nomentanus[5] an und Apicius[6], wie sie die ›Güter‹ – so sagen sie – der Länder und des Meeres zusammensuchen und auf ihrer Tafel Tiere aller Art Revue passieren lassen; sieh dieselben Männer an, wie sie von ihrem Rosenlager aus auf ihre Speisen herabschauen, wie sie ihre Ohren durch den Klang von Stimmen, ihre Augen durch Schauspiele und ihren Gaumen durch Leckereien ergötzen; durch weiche und linde Umschläge wird ihr ganzer Körper gereizt, und damit die Nase unterdessen nicht untätig ist, wird der Raum selbst, in dem man seiner Genußsucht feierliche Opfer darbringt, mit vielerlei Wohlgerüchen angefüllt. Du wirst sagen, daß diese Menschen lustvoll leben, und doch wird es ihnen nicht gut gehen, da sie sich nicht an einem wirklichen Gut freuen.

12 (1) »Schlecht«, sagt er, »wird es ihnen gehen, weil vieles dazwischenkommen wird, was die Seele verwirrt, und weil einander widersprechende Meinungen den Geist

tem inquietabunt.' Quod ita esse concedo sed nihilominus illi ipsi stulti et inaequales et sub ictu paenitentiae positi magnas percipient voluptates, ut fatendum sit tam longe tum illos ab omni molestia abesse quam a bona mente et, quod plerisque contingit, hilarem insaniam insanire ac per risum furere. (2) At contra sapientium remissae voluptates et modestae ac paene languidae sunt compressaeque et vix notabiles, ut quae neque accersitae veniant nec, quamvis per se accesserint, in honore sint neque ullo gaudio percipientium exceptae; miscent enim illas et interponunt vitae ut ludum iocumque inter seria.

(3) Desinant ergo inconvenientia iungere et virtuti voluptatem inplicare, per quod vitium pessimis quibusque adulantur. Ille effusus in voluptates, ructabundus semper atque ebrius, quia scit se cum voluptate vivere, credit et cum virtute (audit enim voluptatem separari a virtute non posse); deinde vitiis suis sapientiam inscribit et abscondenda profitetur. (4) Itaque non ab Epicuro inpulsi luxuriantur, sed vitiis dediti luxuriam suam in philosophiae sinu abscondunt et eo concurrunt ubi audiant laudari voluptatem. Nec aestimant voluptas illa Epicuri – ita enim mehercules sentio – quam sobria ac sicca sit, sed ad nomen ipsum advolant quaerentes libidinibus suis patrocinium

beunruhigen werden.« Daß dies so ist, räume ich ein, aber nichtsdestoweniger empfinden eben jene törichten, unausgeglichenen und dem heftigen Zugriff der Reue ausgesetzten Menschen große Lust, so daß zuzugeben ist, daß sie in diesem Augenblick ebensoweit von jedem Mißbehagen wie von der Vernunft entfernt sind und – was bei den meisten der Fall ist – in einem heiteren Wahnsinn leben und unter Lachen rasen. (2) Im Gegensatz dazu sind die Lüste der Weisen gelinde, bescheiden und fast lau, gedämpft und kaum zu bemerken, da sie weder auf Verlangen kommen noch, mögen sie sich auch von selbst eingefunden haben, in Ansehen stehen oder von denjenigen, die sie empfinden, freudig aufgenommen werden. Denn sie vermischen sie und fügen sie dem Leben ein wie Spiel und Scherz unter Ernstes.

(3) Sie sollen also aufhören, Dinge, die nicht zusammenpassen, zu verbinden und mit der Tugend die Lust zu verknüpfen, ein Fehler, durch den sie gerade den Schlechtesten schmeicheln. Derjenige nämlich, der seinen Lüsten völlig hingegeben ist, der fortwährend rülpst und trunken ist, glaubt, weil er weiß, daß er lustvoll lebt, er lebe auch tugendhaft (denn er hört, daß die Lust von der Tugend nicht getrennt werden könne); daraufhin nennt er seine Laster Weisheit und bekennt sich offen zu Dingen, die man verbergen müßte. (4) Also schwelgen sie nicht auf Veranlassung Epikurs, sondern den Lastern bereits ergeben, bergen sie ihre Schwelgerei im Schoß der Philosophie und laufen dort zusammen, wo sie die Lust loben hören. Und sie ermessen nicht, wie nüchtern und trocken jene Lust Epikurs ist – denn dies, beim Herkules, ist meine Meinung –, sondern auf den bloßen Namen hin eilen sie herbei, weil sie für ihre Begierden irgendeinen Schutz und

aliquod ac velamentum. (5) Itaque quod unum habebant in malis bonum perdunt, peccandi verecundiam; laudant enim ea quibus erubescebant et vitio gloriantur; ideoque ne resurgere quidem adulescentiae licet, cum honestus turpi desidiae titulus accessit. Hoc est cur ista voluptatis laudatio perniciosa sit, quia honesta praecepta intra latent, quod corrumpit apparet. **13** (1) In ea quidem ipse sententia sum – invitis hoc nostris popularibus dicam – sancta Epicurum et recta praecipere et si propius accesseris tristia; voluptas enim illa ad parvum et exile revocatur et quam nos virtuti legem dicimus, eam ille dicit voluptati. Iubet illam parere naturae; parum est autem luxuriae quod naturae satis est. (2) Quid ergo est? Ille, quisquis desidiosum otium et gulae ac libidinis vices felicitatem vocat, bonum malae rei quaerit auctorem et, cum illo venit blando nomine inductus, sequitur voluptatem non quam audit sed quam attulit, et vitia sua cum coepit putare similia praeceptis, indulget illis non timide nec obscure, luxuriatur etiam inde aperto capite. Itaque non dicam quod plerique nostrorum, sectam Epicuri flagitiorum magistram esse, sed illud dico: male audit, infamis est. (3) 'At inmerito.' Hoc scire qui potest nisi interius admissus?

Deckmantel suchen. (5) Und so verlieren sie das einzige Gut, das sie unter ihren Übeln besaßen, die Scham zu sündigen; denn sie preisen das, worüber sie erröteten, und rühmen sich des Lasters; und deswegen können sich die jungen Leute nicht einmal wieder aufraffen, wenn dem schändlichen Müßiggang ein ehrenvoller Name zuteil geworden ist. Das ist der Grund, warum dieses Lob der Lust unheilvoll ist: daß die sittlichen Vorschriften im Inneren verborgen bleiben, das, was Verderben stiftet, offen in Erscheinung tritt. **13** (1) Tatsächlich bin ich für meine Person der Meinung – und ich sage das wohl zum Unwillen unserer Genossen –, daß Epikur sittlich Einwandfreies und Richtiges vorschreibt und, wenn man näher zusieht, sogar Freudloses; denn jene Lust wird auf ein geringes und dürftiges Maß zurückgenommen, und das Gesetz, das wir der Tugend auferlegen, erlegt er der Lust auf: Er heißt sie der Natur gehorchen; zu wenig ist aber der Genußsucht, was der Natur genug ist. (2) Wie also steht es? Jeder, der untätige Muße und den Wechsel von Schlemmerei und Begierde Glückseligkeit nennt, sucht für eine schlechte Sache einen guten Gewährsmann, und wenn er durch den schmeichelnden Namen verführt dorthin gelangt ist, dann geht er der Lust nach: nicht der, von der er hört, sondern der, die er mitgebracht hat, und nachdem er begonnen hat zu glauben, seine Laster entsprächen den Vorschriften, gibt er ihnen ohne Furcht und Heimlichkeit nach, ja lebt dann der Schwelgerei sogar ganz offen. Deswegen werde ich nicht sagen, was die meisten der Unseren sagen: die Sekte Epikurs sei eine Lehrerin von Schändlichkeiten, sondern ich sage folgendes: Man spricht schlecht über sie, sie steht in schlechtem Ruf. (3) »Aber unverdienterweise.« Wer kann das wissen,

frons eius ipsa dat locum fabulae et ad malam spem inritat. Hoc tale est quale vir fortis stolam indutus: constat tibi pudicitia, virilitas salva est, nulli corpus tuum turpi patientiae vacat, sed in manu tympanum est. Titulus itaque honestus eligatur et inscriptio ipsa excitans animum: quae stat, invenerunt vitia. (4) Quisquis ad virtutem accessit, dedit generosae indolis specimen: qui voluptatem sequitur videtur enervis, fractus, degenerans viro, perventurus in turpia nisi aliquis distinxerit illi voluptates, ut sciat quae ex eis intra naturale desiderium resistant, quae praeceps ferantur infinitaeque sint et quo magis inplentur eo magis inexplebiles.

(5) Agedum, virtus antecedat, tutum erit omne vestigium. Et voluptas nocet nimia: in virtute non est verendum ne quid nimium sit, quia in ipsa est modus; non est bonum quod magnitudine laborat sua. Rationalem porro sortitis naturam quae melius res quam ratio proponitur? Et si placet ista iunctura, si hoc placet ad beatam vitam ire comitatu, virtus antecedat, comitetur voluptas et circa corpus ut umbra versetur: virtutem quidem, excelsissimam dominam, voluptati tradere ancillam nihil magnum animo capientis est. **14** (1) Prima virtus eat, haec ferat

außer wenn er ins Innere zugelassen wurde? Ihre bloße Fassade gibt Veranlassung zum Gerede und regt zu übler Hoffnung an. Das ist so etwas wie ein tapferer Mann, der ein Frauengewand trägt: Dein Gefühl für Anstand ist unwandelbar, dein mannhaftes Wesen ist unversehrt, dein Körper ist zu keiner schändlichen Nachgiebigkeit bereit, aber in deiner Hand ist das Tamburin.[7] Daher soll man eine ehrenvolle Bezeichnung wählen und eine Aufschrift, die schon von selbst die Seele aufrichtet; bei der, die jetzt besteht, haben sich die Laster eingefunden. (4) Wer immer auf die Seite der Tugend getreten ist, hat eine Probe seiner edlen Anlage gegeben; wer der Lust folgt, erscheint kraftlos, gebrochen, seiner Männlichkeit entfremdet, auf dem Weg in Schändlichkeiten, wenn ihm nicht jemand die Lüste unterscheiden hilft, so daß er weiß, welche sich im Rahmen eines natürlichen Begehrens halten, welche sich überstürzen und maßlos sind und desto unersättlicher, je mehr man ihnen Sättigung verschafft.

(5) Wohlan denn, die Tugend gehe voran; jeder Schritt wird sicher sein. Und Lust im Übermaß schadet; bei der Tugend ist nicht zu befürchten, daß es irgendein Übermaß gibt, weil ihr selbst Maß innewohnt; kein Gut aber ist, was an seiner Größe leidet. Ferner: Was kann denjenigen, denen eine vernünftige Natur zuteil geworden ist, Besseres vor Augen gestellt werden als die Vernunft? Und wenn diese Verbindung gefällt, wenn es gefällt, in dieser Begleitung den Weg zum glücklichen Leben zu gehen, dann schreite die Tugend voran, die Lust begleite sie und bewege sich wie der Schatten um den Körper; die Tugend aber, die erhabene Herrin, der Lust als Magd zu übergeben kommt dem zu, der in seinem Geist nichts Großes zu fassen vermag. **14** (1) Im ersten Glied gehe die Tugend, sie

signa: habebimus nihilominus voluptatem, sed domini eius et temperatores erimus; aliquid nos exorabit, nihil coget. At ei qui voluptati tradidere principia utroque caruere; virtutem enim amittunt, ceterum non ipsi voluptatem, sed ipsos voluptas habet, cuius aut inopia torquentur aut copia strangulantur, miseri si deseruntur ab illa, miseriores si obruuntur; sicut deprensi mari Syrtico modo in sicco relinquuntur, modo torrente unda fluctuantur. (2) Evenit autem hoc nimia intemperantia et amore caeco rei; nam mala pro bonis petenti periculosum est adsequi. Ut feras cum labore periculoque venamur et captarum quoque illarum sollicita possessio est – saepe enim laniant dominos – ita habent se magnae voluptates: in magnum malum evasere captaeque cepere; quae quo plures maioresque sunt, eo ille minor ac plurium servus est quem felicem vulgus appellat. (3) Permanere libet in hac etiamnunc huius rei imagine. Quemadmodum qui bestiarum cubilia indagat et

laqueo captare feras

magno aestimat et

latos canibus circumdare saltus,

ut illarum vestigia premat, potiora deserit multisque officiis renuntiat, ita qui sectatur voluptatem omnia postponit et primam libertatem neglegit ac pro ventre dependit, nec voluptates sibi emit sed se voluptatibus vendit.

trage die Feldzeichen: Wir werden um nichts weniger Lust haben, aber wir werden ihre Herren und Lenker sein; manches wird sie von uns erbitten, zu nichts wird sie uns zwingen. Diejenigen hingegen, die der Lust den Vorrang überlassen haben, haben sich beider Dinge begeben; denn die Tugend verlieren sie, im übrigen aber haben nicht sie selbst die Lust, sondern die Lust hat sie: Entweder werden sie von ihrem Ausbleiben gequält oder von ihrer Fülle erstickt; unglücklich, wenn sie von ihr im Stich gelassen, unglücklicher, wenn sie von ihr überschüttet werden; wie die im Syrtenmeer[8] Gefangenen bleiben sie bald auf dem Trockenen liegen, bald werden sie von der tosenden Flut umhergeschleudert. (2) Dies aber geschieht aufgrund allzu großer Unmäßigkeit und blinder Liebe zu einer Sache; denn für den, der Schlechtes anstelle von Gutem erstrebt, ist es gefährlich, es zu erlangen. Wie wir wilde Tiere unter Mühe und Gefahr jagen und auch, wenn sie gefangen sind, ihr Besitz beunruhigend ist – denn oft zerfleischen sie ihre Herren –, so verhält es sich mit den großen Lüsten: Zu einem großen Übel haben sie sich entwickelt, und indem sie gefangen worden sind, haben sie gefangen. Je zahlreicher und je größer sie sind, desto kleiner und desto zahlreicheren Herren versklavt ist derjenige, den die Masse glückselig nennt. (3) Ich will weiter bei diesem Bild dieser Sache bleiben. Wie, wer die Lager reißender Tiere aufspürt und es schätzt, ›mit dem Strick wilde Tiere zu fangen‹ und ›mit Hunden weite Wälder zu umzingeln‹,[9] um den Spuren jener Tiere zu folgen, Wichtigeres im Stich läßt und sich von vielen Pflichten lossagt, so stellt, wer der Lust nachjagt, alles hintan und vernachlässigt als erstes die Freiheit und gibt sie hin um des Bauches willen und kauft doch nicht die Lüste für sich, sondern verkauft sich den Lüsten.

15 (1) 'Quid tamen' inquit 'prohibet in unum virtutem voluptatemque confundi et ita effici summum bonum ut idem et honestum et iucundum sit?' Quia pars honesti non potest esse nisi honestum nec summum bonum habebit sinceritatem suam, si aliquid in se viderit dissimile meliori. (2) Ne gaudium quidem quod ex virtute oritur, quamvis bonum sit, absoluti tamen boni pars est, non magis quam laetitia et tranquillitas, quamvis ex pulcherrimis causis nascantur; sunt enim ista bona, sed consequentia summum bonum, non consummantia. (3) Qui vero virtutis voluptatisque societatem facit et ne ex aequo quidem, fragilitate alterius boni quidquid in altero vigoris est hebetat libertatemque illam, ita demum si nihil se pretiosius novit invictam, sub iugum mittit. Nam, quae maxima servitus est, incipit illi opus esse fortuna; sequitur vita anxia, suspiciosa, trepida, casum pavens, temporum suspensa momentis. (4) Non das virtuti fundamentum grave, inmobile, sed iubes illam in loco volubili stare; quid autem tam volubile est quam fortuitorum expectatio et corporis rerumque corpus adficientium varietas? Quomodo hic potest deo parere et quidquid evenit bono animo excipere nec de fato queri casuum suorum benignus interpres, si ad voluptatum dolorumque punctiunculas concutitur? Sed ne patriae quidem bonus tutor aut vindex est nec ami-

15 (1) »Dennoch«, sagt er, »was hindert uns, Tugend und Lust in eins zu verschmelzen und das höchste Gut so zu fassen, daß das sittlich Gute und das Lustvolle dasselbe sind?« Daß Teil des sittlich Guten nur ein sittlich Gutes sein kann und das höchste Gut seine Reinheit nicht behalten wird, wenn es an sich etwas bemerkt, das sich von einem besseren Teil unterscheidet. (2) Selbst die Freude, die aus der Tugend hervorgeht, ist, mag sie auch gut sein, dennoch nicht Teil des absoluten Guten, ebensowenig wie Fröhlichkeit und Seelenruhe, mögen sie auch aus den vortrefflichsten Ursachen entstehen; denn diese Dinge sind zwar Güter, aber solche, die dem höchsten Gut folgen, nicht es vollenden. (3) Wer aber Tugend und Lust verbindet – und nicht einmal in gleichem Rang –, der schwächt durch die Zerbrechlichkeit des einen Gutes, was immer an Kraft im anderen ist, und schickt jene Freiheit, die dann erst unbesiegbar ist, wenn sie nichts Wertvolleres kennt als sich selbst, unters Joch. Denn – was die schlimmste Sklaverei ist – sie beginnt das Glück nötig zu haben; es folgt ein Leben voller Angst, Argwohn, Zittern, Furcht vor dem Zufall, in Spannung gehalten vom Wechsel der Umstände. (4) Kein starkes, unbewegliches Fundament gibst du der Tugend, sondern du läßt sie auf schwankendem Grund stehen; was aber ist so schwankend wie die Erwartung des Zufälligen und die Wandelbarkeit des Körpers und der Dinge, die auf den Körper einwirken? Wie kann einer Gott gehorchen, was immer geschieht, guten Mutes annehmen und – ein wohlwollender Deuter seiner Wechselfälle – nicht über das Schicksal klagen, wenn er bei den kleinen Reizungen der Lüste und der Schmerzen erschüttert wird? Aber nicht einmal ein guter Schützer oder Retter des Vaterlandes ist er und auch kein Verteidi-

corum propugnator, si ad voluptates vergit. (5) Illo ergo summum bonum escendat unde nulla vi detrahitur, quo neque dolori neque spei nec timori sit aditus nec ulli rei quae deterius summi boni ius faciat; escendere autem illo sola virtus potest. Illius gradu clivus iste frangendus est; illa fortiter stabit et quidquid evenerit feret non patiens tantum sed etiam volens, omnemque temporum difficultatem sciet legem esse naturae et ut bonus miles feret vulnera, numerabit cicatrices, et transverberatus telis moriens amabit eum pro quo cadet imperatorem; habebit illud in animo vetus praeceptum: deum sequere. (6) Quisquis autem queritur et plorat et gemit, imperata facere vi cogitur et invitus rapitur ad iussa nihilominus. Quae autem dementia est potius trahi quam sequi! tam mehercules quam stultitia et ignoratio condicionis est suae dolere quod deest aliquid tibi aut incidit durius, aeque mirari aut indigne ferre ea quae tam bonis accidunt quam malis, morbos dico, funera, debilitates et cetera ex transverso in vitam humanam incurrentia. (7) Quidquid ex universi constitutione patiendum est, magno suscipiatur animo: ad hoc sacramentum adacti sumus, ferre mortalia nec perturbari iis quae vitare non est nostrae potestatis. In regno nati sumus: deo parere libertas est.

ger seiner Freunde, wenn er sich nach den Lüsten ausrichtet. (5) Dorthin also soll das höchste Gut emporsteigen, von wo keine Gewalt es herabzieht, wohin weder Schmerz noch Hoffnung noch Furcht Zugang haben, noch irgendeine andere Sache, die das Recht des höchsten Gutes einschränkt; dorthin emporzusteigen aber vermag allein die Tugend. Mit ihrem Schritt muß diese Anhöhe bezwungen werden; sie wird tapfer standhalten und, was immer geschieht, nicht nur geduldig, sondern auch gern ertragen und wissen, daß alle Schwierigkeit der Zeitläufte Naturgesetz ist, und wie ein guter Soldat ihre Wunden ertragen, ihre Narben zählen und, von Geschossen durchbohrt, noch im Tod den Feldherrn lieben, für den sie fällt; sie wird jene alte Vorschrift im Herzen bewahren: Folge Gott! (6) Wer immer aber klagt und jammert und seufzt, wird mit Gewalt gezwungen, das Befohlene zu tun, und gegen seinen Willen nichtsdestoweniger zu dem Aufgetragenen hingeschleppt. Was für ein Wahnsinn aber ist es, lieber gezogen zu werden als zu folgen! Ebenso, beim Herkules, wie es Dummheit und Unkenntnis der eigenen Situation ist, Schmerz zu empfinden, weil dir etwas fehlt oder etwas Härteres zustößt, und in gleicher Weise, sich zu verwundern oder entrüstet zu sein über das, was Guten wie Schlechten geschieht: Krankheiten meine ich, Todesfälle, Gebrechen und was sonst unerwartet dem menschlichen Leben zustößt. (7) Was immer aufgrund der Beschaffenheit der Welt erduldet werden muß, nehme man erhabenen Sinnes auf sich. Auf diesen Fahneneid sind wir eingeschworen worden: das Menschliche zu ertragen und sich nicht durch das verwirren zu lassen, was zu vermeiden nicht in unserer Macht steht. In einem Königreich sind wir geboren: Gott gehorchen ist Freiheit.

16 (1) Ergo in virtute posita est vera felicitas. Quid haec tibi virtus suadebit? ne quid aut bonum aut malum existimes quod nec virtute nec malitia continget; deinde ut sis inmobilis et contra malum ⟨et⟩ ex bono, ut qua fas est deum effingas. (2) Quid tibi pro hac expeditione promittit? ingentia et aequa divinis: nihil cogeris, nullo indigebis, liber eris, tutus indemnis; nihil frustra temptabis, nihil prohibeberis; omnia tibi ex sententia cedent, nihil adversum accidet, nihil contra opinionem ac voluntatem. (3) 'Quid ergo? virtus ad beate vivendum sufficit?' Perfecta illa et divina quidni sufficiat, immo superfluat? Quid enim deesse potest extra desiderium omnium posito? Quid extrinsecus opus est ei qui omnia sua in se collegit? Sed ei qui ad virtutem tendit, etiam si multum processit, opus est aliqua fortunae indulgentia adhuc inter humana luctanti, dum nodum illum exsoluit et omne vinculum mortale. Quid ergo interest? quod arte alligati sunt alii, adstricti [alii], districti quoque: hic qui ad superiora progressus est et se altius extulit laxam catenam trahit, nondum liber, iam tamen pro libero.

17 (1) Si quis itaque ex istis qui philosophiam conlatrant quod solent dixerit: 'quare ergo tu fortius loqueris quam

16 (1) Auf der Tugend also beruht die wahre Glückseligkeit. Was wird dir diese Tugend raten? Daß du nichts für ein Gut oder Übel hältst, was dir nicht aufgrund von Tugend oder Schlechtigkeit zuteil wird; sodann, daß du unerschütterlich gegen das Übel und auf seiten des Guten stehst, daß du, soweit es Recht ist, Gott ähnlich zu werden versuchst. (2) Was verspricht sie dir für diese Unternehmung? Gewaltiges und Göttlichem Vergleichbares: Zu nichts wirst du gezwungen werden, nichts wirst du nötig haben, frei wirst du sein, sicher, unverletzlich; nichts wirst du vergeblich in Angriff nehmen, an nichts wirst du gehindert werden; alles wird dir nach Wunsch vonstatten gehen, nichts Widriges wird sich ereignen, nichts gegen deine Erwartung und deinen Willen. (3) »Wie also? Die Tugend ist zum glücklichen Leben genug?« Warum sollte sie, vollkommen und göttlich wie sie ist, nicht genug, ja sogar mehr als genug sein? Denn was kann demjenigen fehlen, der sich außerhalb allen Verlangens gestellt hat? Was kann derjenige von außen benötigen, der das Seine ganz in sich gesammelt hat? Wer aber nach der Tugend erst strebt, hat, auch wenn er schon weit fortgeschritten ist, ein gewisses Maß an Nachsicht von seiten des Schicksals nötig, da er immer noch im menschlichen Bereich ringt, bis er jenen Knoten gelöst hat und jede Fessel des sterblichen Daseins. Was für ein Unterschied besteht also? Daß die anderen eng angebunden sind, festgeschnürt, auch auf die Folter gespannt; derjenige aber, der zu den oberen Regionen fortgeschritten ist und sich höher erhoben hat, nur eine lose Kette mit sich schleppt, noch nicht frei, aber doch schon so gut wie frei.

17 (1) Wenn daher einer von denen, die die Philosophie ankläffen, sagen sollte, was sie üblicherweise sagen:

vivis? Quare et superiori verba summittis et pecuniam necessarium tibi instrumentum existimas et damno moveris et lacrimas audita coniugis aut amici morte demittis et respicis famam et malignis sermonibus tangeris? (2) Quare cultius rus tibi est quam naturalis usus desiderat? Cur non ad praescriptum tuum cenas? Cur tibi nitidior supellex est? Cur apud te vinum aetate tua vetustius bibitur? Cur aurum disponitur? Cur arbores nihil praeter umbram daturae conseruntur? Quare uxor tua locupletis domus censum auribus gerit? Quare paedagogium pretiosa veste succingitur? Quare ars est apud te ministrare nec temere et ut libet conlocatur argentum sed perite struitur et est aliquis scindendi obsonii magister?' Adice si vis: 'cur trans mare possides? Cur plura quam nosti? ⟨Cur⟩ turpiter aut tam neglegens es ut non noveris pauculos servos aut tam luxuriosus ut plures habeas quam quorum notitiae memoria sufficiat?' (3) Adiuvabo postmodo convicia et plura mihi quam putas obiciam, nunc hoc respondeo tibi: non sum sapiens et, ut malivolentiam tuam pascam, nec ero. Exige itaque a me, non ut optimis par sim, sed ut malis melior: hoc mihi satis est, cotidie aliquid ex vitiis meis

»Warum also redest du tapferer als du lebst? Warum gibst du dich gegenüber einem Höherstehenden unterwürfig, hältst Geld für ein dir unentbehrliches Mittel, läßt dich durch einen Verlust erschüttern, vergießt Tränen, wenn du vom Tod der Gattin oder eines Freundes hörst, nimmst auf deinen Ruf Rücksicht und läßt dich von böswilligem Gerede berühren? (2) Warum hast du Land, das besser bestellt ist, als eine natürliche Nutzung es verlangt? Warum speist du nicht nach deiner Vorschrift? Warum hast du allzu glänzenden Hausrat? Warum wird bei dir Wein getrunken, der älter ist als du? Warum wird in deinem Atrium Gold zur Schau gestellt? Warum werden Bäume gepflanzt, nur um Schatten zu spenden? Warum trägt deine Gattin das Vermögen eines reichen Hauses an den Ohren? Warum kleiden sich deine Pagen in kostbare Gewänder? Warum ist es eine Kunst, bei dir aufzuwarten, und wird das Silber nicht aufs Geratewohl und nach Belieben aufgelegt, sondern mit wissenschaftlicher Genauigkeit angeordnet und gibt es eigens einen Zerlegemeister für die Zukost?« Füge, wenn du willst, hinzu: »Warum hast du Besitzungen jenseits des Meeres? Warum mehr, als du weißt? Warum bist du schändlicherweise entweder so nachlässig, daß du deine wenigen Sklaven nicht kennst, oder so verschwendungssüchtig, daß du mehr hast, als daß dein Gedächtnis ausreichen würde, sie zu kennen?« (3) Ich werde später deine Scheltreden unterstützen und mir mehr vorwerfen, als du ahnst, jetzt gebe ich dir dies zur Antwort: Ich bin nicht weise, und – um deine Mißgunst noch zu nähren – ich werde es auch nicht sein. Fordere von mir daher nicht, daß ich den Besten gleich, sondern daß ich besser als die Schlechten sei. Dies ist mir genug: täglich etwas von meinen Fehlern zu beseitigen

demere et errores meos obiurgare. (4) Non perveni ad sanitatem, ne perveniam quidem; delenimenta magis quam remedia podagrae meae compono, contentus si rarius accedit et si minus verminatur: vestris quidem pedibus comparatus, debiles, cursor sum. Haec non pro me loquor – ego enim in alto vitiorum omnium sum – sed pro illo cui aliquid acti est.

18 (1) 'Aliter' inquis 'loqueris, aliter vivis.' Hoc, malignissima capita et optimo cuique inimicissima, Platoni obiectum est, obiectum Epicuro, obiectum Zenoni; omnes enim isti dicebant non quemadmodum ipsi viverent, sed quemadmodum esset ⟨et⟩ ipsis vivendum. De virtute, non de me loquor, et cum vitiis convicium facio, in primis meis facio: cum potuero, vivam quomodo oportet. (2) Nec malignitas me ista multo veneno tincta deterrebit ab optimis; ne virus quidem istud quo alios spargitis, quo vos necatis, me inpediet quominus perseverem laudare vitam non quam ago sed quam agendam scio, quominus virtutem adorem et ex intervallo ingenti reptabundus sequar. (3) Expectabo scilicet ut quicquam malivolentiae inviolatum sit, cui sacer nec Rutilius fuit nec Cato? Curet aliquis an istis nimis dives videatur quibus Demetrius Cynicus parum pauper est? Virum acerrimum et contra omnia naturae desideria pugnantem, hoc pauperiorem quam

und meine Irrtümer zu tadeln. (4) Noch bin ich nicht zur Gesundheit gelangt, ja ich werde nicht einmal dorthin gelangen; ich stelle eher Linderungs- als Heilmittel für meine Gicht zusammen, zufrieden, wenn sie seltener auftritt und wenn sie weniger sticht: Mit euren Füßen verglichen, ihr Krüppel, bin ich freilich ein Schnelläufer. Dies sage ich nicht im eigenen Namen – ich stecke nämlich noch tief in allen Lastern –, sondern im Namen dessen, der schon etwas erreicht hat.

18 (1) »Auf eine Weise«, sagst du, »sprichst du, auf eine andere lebst du.« Ihr böswilligen Köpfe, gerade den Besten am feindlichsten, dies wurde Platon vorgeworfen, vorgeworfen wurde es Epikur, vorgeworfen Zeno; denn sie alle sprachen nicht davon, wie sie selbst lebten, sondern wie auch sie selbst leben müßten. Über die Tugend, nicht über mich spreche ich, und wenn ich gegen die Laster Scheltreden führe, dann führe ich sie besonders gegen meine eigenen: Sobald ich es vermag, werde ich leben, wie es sich gehört. (2) Auch diese mit viel Gift getränkte Bosheit wird mich nicht vom Besten abschrekken; nicht einmal der giftige Schleim, mit dem ihr andere bespritzt, euch aber tötet, wird mich daran hindern, daß ich fortfahre, das Leben – nicht das ich führe, sondern das man nach meinem Wissen führen muß – zu preisen, daß ich die Tugend anbete und ihr – in ungeheurem Abstand – hinterherkrieche. (3) Gewiß werde ich erwarten, daß irgend etwas von der Mißgunst verschont bleibt, der weder Rutilius[10] heilig war noch Cato[11]! Dürfte sich wohl irgend jemand darum kümmern, ob er denjenigen zu reich erscheint, denen der Kyniker Demetrius[12] zu wenig arm ist? Von dem leidenschaftlich strengen und gegen alle natürlichen Bedürfnisse ankämpfenden Mann, der

ceteros Cynicos quod, cum sibi interdixerit habere, interdixit et poscere, negant satis egere. Vides enim: non virtutis scientiam sed egestatis professus est. **19** (1) Diodorum, Epicureum philosophum, qui intra paucos dies finem vitae suae manu sua inposuit, negant ex decreto Epicuri fecisse quod sibi gulam praesecuit: alii dementiam videri volunt factum hoc eius, alii temeritatem. Ille interim beatus ac plenus bona conscientia reddidit sibi testimonium vita excedens laudavitque aetatis in portu et ad ancoram actae quietem et dixit quod vos inviti audistis, quasi vobis quoque faciendum sit:

vixi et quem dederat cursum fortuna peregi.

(2) De alterius vita, de alterius morte disputatis et ad nomen magnorum ob aliquam eximiam laudem virorum, sicut ad occursum ignotorum hominum minuti canes, latratis; expedit enim vobis neminem videri bonum, quasi aliena virtus exprobratio delictorum vestrorum sit. Invidi splendida cum sordibus vestris confertis nec intellegitis quanto id vestro detrimento audeatis. Nam si illi qui virtutem sequuntur avari libidinosi ambitiosique sunt, quid vos estis quibus ipsum nomen virtutis odio est?

(3) Negatis quemquam praestare quae loquitur nec ad exemplar orationis suae vivere: quid mirum, cum loquantur fortia ingentia, omnis humanas tempestates evadentia?

dadurch noch ärmer als die übrigen Kyniker ist, daß er sich, weil er sich untersagt hat zu besitzen, auch untersagt hat zu verlangen, behaupten sie, er sei nicht arm genug. Und doch siehst du: Nicht die Wissenschaft der Tugend, sondern die der Armut betrieb er. **19** (1) Von Diodor,[13] dem epikureischen Philosophen, der innerhalb weniger Tage seinem Leben mit eigener Hand ein Ende setzte, behaupten sie, er habe damit, daß er sich die Kehle durchschnitt, nicht nach der Vorschrift Epikurs gehandelt: Die einen wollen diese seine Tat als einen Akt des Wahnsinns angesehen wissen, die anderen als Unüberlegtheit. Er indessen hat, glücklich und voll guten Gewissens, aus dem Leben scheidend Zeugnis für sich abgelegt, hat die Ruhe eines in den Hafen eingelaufenen und vor Anker gegangenen Lebens gepriesen und gesagt, was ihr ungern hört, gleich als ob ihr dasselbe tun müßtet: ›Ich habe gelebt und die Bahn, die mir das Schicksal gab, vollendet.‹[14] (2) Über das Leben des einen, den Tod des anderen disputiert ihr, und wenn der Name von Männern fällt, die aufgrund irgendeiner Ruhmestat groß sind, dann kläfft ihr wie kleine Hunde, wenn sie auf unbekannte Menschen treffen; denn es kommt euch zustatten, daß niemand gut scheint, gleich als ob fremde Tugend Anprangerung eurer Vergehen sei. Neidisch vergleicht ihr Glanzvolles mit eurem Schmutz und seht nicht, zu welch großem eigenen Schaden ihr das wagt. Denn wenn diejenigen, die der Tugend folgen, habgierig, lüstern und ehrgeizig sind, was seid dann ihr, denen schon der bloße Name der Tugend verhaßt ist?

(3) Ihr behauptet, daß keiner leiste, was er sagt, und nach dem Muster seiner Rede lebe: Was Wunder, da sie Tapferes sagen, Ungeheures, über alle Stürme des menschlichen

Cum refigere se crucibus conentur – in quas unusquisque vestrum clavos suos ipse adigit – ad supplicium tamen acti stipitibus singulis pendent: hi qui in se ipsi animum advertunt quot cupiditatibus tot crucibus distrahuntur. At maledici, in alienam contumeliam venusti sunt. ⟨Non⟩ crederem illis hoc vacare, nisi quidam ex patibulo suo spectatores conspuerent.

20 (1) 'Non praestant philosophi quae loquuntur.' Multum tamen praestant quod loquuntur, quod honesta mente concipiunt. Utinam quidem et paria dictis agerent: quid esset illis beatius? Interim non est quod contemnas bona verba et bonis cogitationibus plena praecordia: studiorum salutarium etiam citra effectum laudanda tractatio est. (2) Quid mirum, si non escendunt in altum ardua adgressi? Sed si vir es, suspice, etiam si decidunt, magna conantis. Generosa res est respicientem non ad suas sed ad naturae suae vires conari alta temptare et mente maiora concipere quam quae etiam ingenti animo adornatis effici possunt. (3) Qui sibi hoc proposuit: 'ego mortem eodem vultu quo audiam videbo. Ego laboribus, quanticumque illi erunt, parebo, animo fulciens corpus. Ego divitias et praesentis et absentis aeque contemnam, nec si aliubi iace-

Lebens sich Erhebendes? Da sie sich von den Marterhölzern zu lösen versuchen – in die ein jeder von euch seine Nägel selbst einschlägt –, hängen sie, wenn sie dennoch zur Hinrichtung geführt werden, nur an jeweils einem Pfahl; diejenigen dagegen, die sich selbst strafen, werden von ebensovielen Marterhölzern wie Begierden auseinandergerissen.[15] Dennoch lästern sie und sind zur Schmähung anderer geistreich. Ich würde ja nicht glauben, daß sie hierzu Muße haben, wenn nicht manche von ihrem Marterholz aus die Zuschauer anspieen.

20 (1) »Nicht leisten die Philosophen, was sie sagen.« Gleichwohl leisten sie schon damit viel, daß sie sprechen, daß sie die Sittlichkeit in Begriffe fassen. Denn wenn sie auch noch ihren Worten Entsprechendes täten – was wäre glücklicher als sie? Einstweilen gibt es keinen Grund, daß du gute Worte und von guten Gedanken erfüllte Herzen verachtest: Das Betreiben heilbringender Studien ist auch vor dem Erfolg schon lobenswert. (2) Was Wunder, wenn diejenigen nicht auf die Höhe hinaufgelangen, die Steiles in Angriff genommen haben? Aber wenn du ein Mann bist, schau zu denen auf, die Großes versuchen – auch wenn sie stürzen. Etwas Edles ist es – den Blick auf die Kräfte nicht der eigenen Person, sondern der eigenen Natur gerichtet –, einen Versuch zu wagen, Erhabenes in Angriff zu nehmen, im Geist größere Pläne zu fassen, als selbst mit gewaltiger Seelenstärke ausgestattete Menschen sie verwirklichen können. (3) Wer sich dies vorgenommen hat: »Ich werde den Tod mit derselben Miene sehen, mit der ich von ihm höre. Ich werde mich den Strapazen, wie groß auch immer sie sein werden, unterziehen, indem ich den Körper mit der Seele stütze. Ich werde den Reichtum, ob er da ist oder nicht, in gleicher Weise verachten, weder

bunt tristior, nec si circa me fulgebunt animosior. Ego fortunam nec venientem sentiam nec recedentem. Ego terras omnis tamquam meas videbo, meas tamquam omnium. Ego sic vivam quasi sciam aliis esse me natum et naturae rerum hoc nomine gratias agam: quo enim melius genere negotium meum agere potuit? unum me donavit omnibus, uni mihi omnis. (4) Quidquid habebo nec sordide custodiam nec prodige spargam; nihil magis possidere me credam quam bene donata. Non numero nec pondere beneficia nec ulla nisi accipientis aestimatione perpendam; numquam id mihi multum erit quod dignus accipiet. Nihil opinionis causa, omnia conscientiae faciam. Populo spectante fieri credam quidquid me conscio faciam. (5) Edendi mihi erit bibendique finis desideria naturae restinguere, non inplere alvum et exinanire. Ero amicis iucundus, inimicis mitis et facilis. Exorabor antequam roger, et honestis precibus occurram. Patriam meam esse mundum sciam et praesides deos, hos supra me circaque me stare factorum dictorumque censores. Quandoque aut natura spiritum repetet aut ratio dimittet, testatus exibo bonam me conscientiam amasse, bona studia,

niedergeschlagener, wenn er anderswo liegt, noch höhergestimmt, wenn er rings um mich her erglänzt. Ich werde das Glück weder wenn es kommt, noch wenn es geht, wahrnehmen. Ich werde alle Länder als mir, meine als allen gehörig ansehen. Ich werde so leben, als ob ich wüßte, daß ich für die anderen geboren bin, und ich werde der Natur dafür Dank sagen: denn auf welche Weise hätte sie mein Geschäft besser besorgen können? Mich einzelnen hat sie allen gegeben, mir einzelnem alle. (4) Was immer ich besitzen werde, werde ich weder geizig hüten noch verschwenderisch austeilen; nichts werde ich in höherem Maße zu besitzen glauben als das auf rechte Weise Verschenkte. Nicht nach Zahl noch nach Gewicht noch nach irgendeiner Einschätzung außer der des Empfangenden werde ich meine Wohltaten abwägen; niemals wird das für mich viel sein, was ein Würdiger empfängt. Nichts werde ich um meines Rufes, alles um meines Gewissens willen tun. Ich werde glauben, daß vor den Augen des Volkes geschieht, was immer ich mit meinem Wissen tue. (5) Endzweck des Essens und Trinkens wird es für mich sein, die natürlichen Bedürfnisse zu befriedigen, nicht den Bauch zu füllen und zu leeren. Ich werde zu meinen Freunden liebenswürdig, gegenüber meinen Feinden mild und nachsichtig sein. Ich werde mich erbitten lassen, bevor ich gebeten werde, und ehrenhaften Bitten zuvorkommen. Ich werde wissen, daß mein Vaterland die Welt ist und seine Lenker die Götter und daß diese über mir und um mich stehen als Zensoren meiner Taten und Worte. Und wenn entweder die Natur den Lebensatem zurückfordern oder die Vernunft ihn entlassen wird, werde ich mit der Erklärung aus dem Leben scheiden, daß ich das gute Gewissen geliebt habe und die rechten Bestre-

nullius per me libertatem deminutam, minime meam' – qui haec facere proponet, volet, temptabit, ad deos iter faciet, ne ille, etiam si non tenuerit,

magnis tamen excidit ausis.

(6) Vos quidem, quod virtutem cultoremque eius odistis, nihil novi facitis. Nam et solem lumina aegra formidant et aversantur diem splendidum nocturna animalia, quae ad primum eius ortum stupent et latibula sua passim petunt, abduntur in aliquas rimas timida lucis. Gemite et infelicem linguam bonorum exercete convicio, hiate commordete: citius multo frangetis dentes quam inprimetis.

21 (1) 'Quare ille philosophiae studiosus est et tam dives vitam agit? Quare opes contemnendas dicit et habet, vitam contemnendam putat et tamen vivit, valetudinem contemnendam, et tamen illam diligentissime tuetur atque optimam mavult? Et exilium vanum nomen putat et ait "quid enim est mali mutare regiones?" et tamen, si licet, senescit in patria? Et inter longius tempus et brevius nihil interesse iudicat, tamen, si nihil prohibet, extendit aetatem et in multa senectute placidus viret?' (2) Ait ista debere contemni, non ne habeat, sed ne sollicitus habeat; non abigit illa a se, sed abeuntia securus prosequitur. Divitias qui-

bungen, daß niemandes Freiheit durch mich geschmälert worden ist, am wenigsten die meine« – wer sich vornimmt, dies zu tun, wer es will, es versucht, der wird den Weg zu den Göttern gehen, ja der ist, auch wenn er nicht durchhält, ›doch bei einem großen Unterfangen gescheitert‹.[16] (6) Ihr freilich tut damit, daß ihr die Tugend und ihre Verehrer haßt, nichts Neues. Denn kranke Augen fürchten die Sonne, und Nachttiere wenden sich von der Helle des Tages ab; sie erstarren bei seinem ersten Anbruch und suchen überall ihre Schlupfwinkel auf, verbergen sich in irgendwelchen Spalten aus Furcht vor dem Licht. Knurrt nur und übt eure unselige Zunge in der Schmähung der Guten, reißt den Rachen auf, beißt zu; viel eher werdet ihr eure Zähne abbrechen als sie eindrücken.

21 (1) »Warum ist jener ein Anhänger der Philosophie und führt ein Leben in solchem Reichtum? Warum sagt er, man müsse Reichtümer verachten, und besitzt sie, glaubt, man müsse das Leben verachten, und lebt trotzdem, meint, man müsse die Gesundheit verachten, und schützt sie dennoch auf das sorgfältigste und wünscht sie sich möglichst vorzüglich? Er achtet Verbannung für ein leeres Wort und sagt: ›Was ist Schlimmes daran, die Gegend zu wechseln?‹, und doch wird er, wenn möglich, im Vaterland alt? Er ist der Ansicht, daß zwischen einer längeren und einer kürzeren Zeit kein Unterschied bestehe, doch dehnt er, wenn ihn nichts hindert, seine Lebenszeit aus, und es behagt ihm, in hohem Alter noch gut bei Kräften zu sein?« (2) Er sagt, daß man diese Dinge verachten müsse, nicht, um sie nicht zu haben, sondern um sie ohne innere Unruhe zu haben; er jagt sie nicht von sich, aber wenn sie weggehen, gibt er ihnen ohne Kummer das

dem ubi tutius fortuna deponet quam ibi unde sine querella reddentis receptura est? (3) M. Cato cum laudaret Curium et Coruncanium et illud saeculum in quo censorium crimen erat paucae argenti lamellae possidebat ipse quadragies sestertium, minus sine dubio quam Crassus, plus quam censorius Cato. Maiore spatio, si compararentur, proavum vicerat quam a Crasso vinceretur, et, si maiores illi obvenissent opes, non sprevisset. (4) Nec enim se sapiens indignum ullis muneribus fortuitis putat: non amat divitias sed mavult; non in animum illas sed in domum recipit, nec respuit possessas sed continet, et maiorem virtuti suae materiam subministrari vult. **22** (1) Quid autem dubii est quin haec maior materia sapienti viro sit animum explicandi suum in divitiis quam in paupertate, cum in hac unum genus virtutis sit non inclinari nec deprimi, in divitiis et temperantia et liberalitas et diligentia et dispositio et magnificentia campum habeat patentem? (2) Non contemnet se sapiens, etiam si fuerit minimae staturae, esse tamen se procerum volet. Et exilis corpore aut amisso oculo valebit, malet tamen sibi esse corporis robur, et hoc ita ut sciat esse aliud in se valentius; malam valetudinem tolerabit, bonam optabit.

Geleit. Reichtum freilich, wo wird ihn das Schicksal sicherer hinterlegen als dort, woher es ihn ohne Klage des Zurückerstattenden zurückerhalten kann? (3) Als M. Cato[17] den Curius[18] lobte und den Coruncanius[19] und jenes Zeitalter, da wenige Plättchen Silber dem Zensor Anlaß zur Rüge boten,[20] besaß er selbst vier Millionen Sesterzen: zweifellos weniger als Crassus[21], doch mehr als Cato Censorius[22]. Mit größerem Abstand – wenn man sie vergleichen würde – hatte er den Ahn besiegt, als er von Crassus besiegt wurde, und wenn größerer Reichtum sich ihm angeboten hätte, so hätte er ihn nicht verschmäht. (4) Denn der Weise hält sich nicht irgendwelcher Gaben des Zufalls für unwürdig: Er liebt den Reichtum nicht, aber er zieht ihn vor; er nimmt ihn nicht in seine Seele, aber in sein Haus auf; und er verschmäht es nicht, ihn zu besitzen, sondern hält ihn zusammen und wünscht, daß seiner Tugend größere Mittel an die Hand gegeben werden. **22** (1) Was für einen Zweifel aber gibt es, daß dem weisen Mann im Reichtum größere Mittel, um seine Seele zu entwickeln, zur Verfügung stehen als in der Armut, da in dieser die einzig mögliche Art von Tugend ist, sich nicht zu beugen und nicht niederdrücken zu lassen, im Reichtum dagegen Mäßigung, Freigebigkeit, Sorgfalt, Einteilungsvermögen und Großzügigkeit ein weites Feld haben? (2) Nicht wird der Weise sich verachten, auch wenn er von sehr kleinem Wuchs ist; gleichwohl wird er wünschen, hochgewachsen zu sein. Auch körperlich schwach oder nach Verlust eines Auges wird er sich wohl befinden; dennoch wird er es vorziehen, körperliche Robustheit zu besitzen: dies freilich in dem Bewußtsein, daß etwas anderes in ihm noch stärker ist; schlechte Gesundheit wird er ertragen, gute sich wünschen. (3) Be-

(3) Quaedam enim, etiam si in summam rei parva sunt [ait] et subduci sine ruina principalis boni possunt, adiciunt tamen aliquid ad perpetuam laetitiam et ex virtute nascentem: sic illum adficiunt divitiae et exhilarant ut navigantem secundus et ferens ventus, ut dies bonus et in bruma ac frigore apricus locus. (4) Quis porro sapientium – nostrorum dico, quibus unum est bonum virtus – negat etiam haec quae indifferentia vocamus habere aliquid in se pretii et alia aliis esse potiora? Quibusdam ex iis tribuitur aliquid honoris, quibusdam multum; ne erres itaque, inter potiora divitiae sunt. (5) 'Quid ergo' inquis 'me derides, cum eundem apud te locum habeant quem apud me?' Vis scire quam non eundem habeant locum? mihi divitiae si effluxerint, nihil auferent nisi semet ipsas, tu stupebis et videberis tibi sine te relictus, si illae a te recesserint; apud me divitiae aliquem locum habent, apud te summum; ad postremum divitiae meae sunt, tu divitiarum es.

23 (1) Desine ergo philosophis pecunia interdicere: nemo sapientiam paupertate damnavit. Habebit philosophus amplas opes, sed nulli detractas nec alieno sanguine cruentas, sine cuiusquam iniuria partas, sine sordidis quaestibus, quarum tam honestus sit exitus quam introitus, qui-

stimmte Dinge nämlich, auch wenn sie im Hinblick auf das Ganze geringfügig sind und entzogen werden können, ohne daß das vornehmste Gut dadurch zusammenstürzt, tragen dennoch etwas zu der beständigen Fröhlichkeit bei, die aus der Tugend entsteht: So berührt Reichtum jenen und stimmt ihn heiter, wie den Schiffsreisenden ein günstiger Fahrtwind, wie ein schöner Tag und in der Kälte des Winters ein sonniger Platz. (4) Ferner: Wer von den Weisen – von unseren meine ich, für die das einzige Gut die Tugend ist – leugnet, daß auch die Dinge, die wir gleichgültig nennen, einen bestimmten Wert in sich tragen und die einen den anderen vorzuziehen sind? Manchen unter ihnen wird ein gewisses Maß an Wertschätzung zuteil, manchen ein hohes; damit dir also kein Irrtum unterläuft: Reichtum gehört zu den Dingen, die vorzuziehen sind. (5) »Warum also«, sagst du, »verlachst du mich, da er doch bei dir denselben Rang einnimmt wie bei mir?« Du willst wissen, inwieweit er *nicht* denselben Rang einnimmt? Wenn sich der Reichtum mir entzieht, wird er nichts wegtragen außer sich selbst, du hingegen wirst betreten staunen und dir wie ohne dich selbst zurückgelassen vorkommen, wenn er sich von dir zurückgezogen hat; bei mir nimmt der Reichtum irgendeinen Rang ein, bei dir den höchsten; schließlich und endlich: Der Reichtum gehört mir, du aber gehörst dem Reichtum.

23 (1) Laß also davon ab, den Philosophen das Geld zu verbieten: Niemand hat die Weisheit zur Armut verurteilt. Es wird der Philosoph großen Reichtum besitzen, aber dieser wird niemandem entrissen sein, auch nicht von fremdem Blut befleckt, ohne Unrecht gegen irgend jemanden erworben, ohne schmutzige Geschäfte; sein Ausgang wird so ehrenhaft sein wie sein Eingang, nie-

bus nemo ingemescat nisi malignus. In quantum vis exaggera illas: honestae sunt in quibus, cum multa sint quae sua quisque dici velit, nihil est quod quisquam suum possit dicere. (2) Ille vero fortunae benignitatem a se non summovebit et patrimonio per honesta quaesito nec gloriabitur nec erubescet. Habebit tamen etiam quo glorietur, si aperta domo et admissa in res suas civitate poterit dicere 'quod quisque agnoverit tollat.' O magnum virum, ⟨o⟩ optime divitem, si post hanc vocem tantundem habuerit! Ita dico: si tuto et securus scrutationem populo praebuerit, si nihil quisquam apud illum invenerit quoi manus iniciat, audaciter et propalam erit dives. (3) Sapiens nullum denarium intra limen suum admittet male intrantem; idem magnas opes, munus fortunae fructumque virtutis, non repudiabit nec excludet. Quid enim est quare illis bono loco invideat? veniant, hospitentur. Nec iactabit illas nec abscondet – alterum infruniti animi est, alterum timidi et pusilli, velut magnum bonum intra sinum continentis – nec, ut dixi, eiciet illas e domo. (4) Quid enim dicet? utrumne 'inutiles estis' an 'ego uti divitiis nescio'? Quemadmodum etiam pedibus suis poterit iter conficere, escendere tamen vehiculum malet, sic pauper [si] poterit

mand wird über ihn seufzen – außer den Böswilligen. Vermehre ihn, so sehr du willst: Er ist ehrenwert, sofern darunter zwar vieles ist, was ein jeder sein eigen genannt wissen möchte, aber nichts, was irgendeiner tatsächlich sein eigen nennen könnte. (2) Jener aber wird die Güte des Schicksals nicht von sich weisen und sich eines auf anständige Weise erworbenen Vermögens weder rühmen noch schämen. Dennoch wird er auch etwas besitzen, dessen er sich rühmen darf, wenn er sein Haus öffnen, der Bürgerschaft Zutritt zu seinem Besitz gestatten und sagen kann: »Was ein jeder als sein Eigentum erkennt, nehme er mit sich.« Ein großer Mann, ein auf vorzügliche Weise reicher Mann, wenn er nach diesem Aufruf noch ebensoviel besitzt! Dies sage ich: Wenn er dem Volk gefahrlos und unbesorgt die Durchsuchung erlaubt hat, wenn keiner bei ihm etwas gefunden hat, das er beanspruchen könnte, dann darf er kühn und vor aller Welt reich sein. (3) Der Weise wird keinen Denar über seine Schwelle lassen, der auf üble Weise eintritt; doch zugleich wird er große Reichtümer – Geschenk des Schicksals und Ertrag seiner Tugend – nicht zurückweisen und nicht ausschließen. Denn was für einen Grund gibt es, daß er ihnen einen guten Platz neiden sollte? Sie sollen kommen, sie sollen als Gäste einkehren. Weder wird er sich mit ihnen brüsten noch sie verbergen – das eine ist das Verhalten einer einfältigen Seele, das andere das einer furchtsamen und kleinlichen, gleichsam einer, die ein großes Gut im Gewand versteckt hält –, noch, wie ich bereits gesagt habe, wird er ihn aus dem Haus werfen. (4) Was nämlich wird er sagen? Etwa »Ihr seid unnütz« oder »Ich weiß Reichtum nicht zu gebrauchen«? Wie er auch auf eigenen Füßen einen Weg zurücklegen kann und dennoch lieber auf den Wagen stei-

esse, dives volet. Habebit itaque opes, sed tamquam leves et avolaturas, nec ulli alii eas nec sibi graves esse patietur.

(5) Donabit – quid erexistis aures, quid expeditis sinum? – donabit aut bonis aut eis quos facere poterit bonos, donabit cum summo consilio dignissimos eligens, ut qui meminerit tam expensorum quam acceptorum rationem esse reddendam, donabit ex recta et probabili causa, nam inter turpes iacturas malum munus est; habebit sinum facilem, non perforatum, ex quo multa exeant et nihil excidat.

24 (1) Errat si quis existimat facilem rem esse donare: plurimum ista res habet difficultatis, si modo consilio tribuitur, non casu et impetu spargitur. Hunc promereor, illi reddo; huic succurro, huius misereor; illum instruo dignum quem non deducat paupertas nec occupatum teneat; quibusdam non dabo quamvis desit, quia etiam si dedero erit defuturum; quibusdam offeram, quibusdam etiam inculcabo. Non possum in hac re esse neglegens; numquam magis nomina facio quam cum dono. (2) 'Quid? tu' inquis 'recepturus donas?' Immo non perditurus: eo loco sit donatio unde repeti non debeat, reddi possit.

gen wird, so wird er arm sein können, aber reich sein wollen. Er wird daher Reichtümer besitzen, aber als etwas Unverläßliches und Flüchtiges, und er wird weder zulassen, daß sie irgendeinem anderen, noch, daß sie ihm selbst beschwerlich sind.

(5) Schenken wird er – warum spitzt ihr die Ohren, warum öffnet ihr eure Taschen? – schenken wird er entweder Guten oder solchen, die er gut machen kann; schenken wird er, indem er mit gründlichster Überlegung die Würdigsten auswählt, da ihm bewußt ist, daß man über Ausgaben wie über Einnahmen Rechenschaft geben muß; schenken wird er aus rechtem und billigem Grund, denn ein schlechtes Geschenk zählt zu den schändlichen Verlusten; er wird eine Tasche haben, die sich leicht öffnet, aber nicht löchrig ist, aus der vieles hinausgeht und nichts hinausfällt. **24** (1) Wenn einer glaubt, Schenken sei eine leichte Sache, so irrt er: Diese Sache enthält ein Höchstmaß an Schwierigkeit, wenn denn mit Überlegung zugeteilt, nicht nach Zufall und plötzlicher Neigung verschleudert wird. Um diesen mache ich mich verdient, jenem vergelte ich; diesem komme ich zu Hilfe, dessen erbarme ich mich; jenen statte ich aus, weil er es wert ist, daß ihn die Armut nicht auf Abwege bringe noch in ihrem Bann halte; manchen werde ich nicht geben, wie sehr ihnen auch mangeln mag, weil ihnen auch, wenn ich gegeben habe, mangeln wird; manchen werde ich anbieten, manchen aufdrängen. Ich kann in dieser Sache nicht nachlässig sein; niemals führe ich genauer Buch, als wenn ich schenke. (2) »Was?«, sagst du, »Du gibst, um wiederzubekommen?« Vielmehr, um nicht zu verlieren: An einem solchen Ort befinde sich eine Schenkung, woher sie nicht zurückgefordert werden muß, aber zurückgegeben wer-

Beneficium conlocetur quemadmodum thesaurus alte obrutus, quem non eruas nisi fuerit necesse. (3) Quid? domus ipsa divitis viri quantam habet bene faciendi materiam! Quis enim liberalitatem tantum ad togatos vocat? hominibus prodesse natura me iubet. Servi liberine sint hi, ingenui an libertini, iustae libertatis an inter amicos datae, quid refert? ubicumque homo est, ibi benefici locus est. Potest itaque pecunia etiam intra limen suum diffundi et liberalitatem exercere, quae non quia liberis debetur sed quia a libero animo proficiscitur ita nominata est. Haec apud sapientem nec umquam in turpes indignosque inpingitur nec umquam ita defetigata errat ut non, quotiens dignum invenerit, quasi ex pleno fluat.

(4) Non est ergo quod perperam exaudiatis quae honeste fortiter animose a studiosis sapientiae dicuntur. Et hoc primum adtendite: aliud est studiosus sapientiae, aliud iam adeptus sapientiam.

Ille tibi dicet: ‘optime loquor, sed adhuc inter mala volutor plurima. Non est quod me ad formulam meam exigas: cum maxime facio me et formo et ad exemplar ingens attollo; si processero quantumcumque proposui, exige ut dictis facta respondeant.’

Adsecutus vero humani boni summam aliter tecum aget et

den kann. Eine Wohltat soll man anlegen wie einen tief vergrabenen Schatz, den man nur ausgräbt, wenn es unbedingt nötig ist. (3) Was? Gerade das Haus eines reichen Mannes: welch große Mittel, Gutes zu tun, hat es! Wer nämlich ruft die Freigebigkeit nur für die herbei, die eine Toga tragen? Menschen zu nützen, befiehlt mir die Natur. Ob diese Sklaven oder Freie sind, Freigeborene oder Freigelassene, von rechtmäßiger Freiheit oder unter Freunden zugestandener, was macht das aus? Wo immer ein Mensch ist, da ist der rechte Ort für eine Wohltat. Daher kann Geld auch innerhalb der eigenen vier Wände verteilt werden und der Freigebigkeit dienen, die ja nicht so heißt, weil sie Freien geschuldet wird, sondern weil sie von einer freien Seele ausgeht. Sie wird bei einem Weisen weder jemals moralisch Minderwertigen und Unwürdigen aufgenötigt, noch irrt sie jemals so erschöpft umher, daß sie nicht, sooft sie einen Würdigen findet, gleichsam aus dem Vollen fließen kann.

(4) Keinen Grund gibt es also, daß ihr falsch auffaßt, was von denen, die nach Weisheit streben, auf anständige, tapfere und mutige Weise gesagt wird. Und dies beachtet zuerst: Eines ist der, der nach Weisheit strebt, ein anderes der, der Weisheit bereits erlangt hat.

Jener wird dir sagen: »Vortrefflich rede ich, aber noch winde ich mich zwischen vielen Übeln. Keinen Grund gibt es, daß du mich an meiner Formel mißt: So intensiv wie möglich bilde und forme ich mich und strebe einem bedeutenden Vorbild nach; wenn ich so weit fortgeschritten bin, wie ich mir vorgenommen habe, dann fordere, daß die Taten den Worten entsprechen.«

Derjenige aber, der die höchste Stufe menschlicher Gutheit erreicht hat, wird anders mit dir umgehen und sagen:

dicet: 'primum non est quod tibi permittas de melioribus ferre sententiam; mihi iam, quod argumentum est recti, contigit malis displicere. (5) Sed ut tibi rationem reddam qua nulli mortalium invideo, audi quid promittam et quanti quaeque aestimem. Divitias nego bonum esse; nam si essent, bonos facerent: nunc, quoniam quod apud malos deprenditur dici bonum non potest, hoc illis nomen nego. Ceterum et habendas esse et utiles et magna commoda vitae adferentis fateor.

25 (1) Quid ergo sit quare illas non in bonis numerem, et quid praestem in illis aliud quam vos, quoniam inter utrosque convenit habendas, audite. Pone in opulentissima me domo, pone ⟨ubi⟩ aurum argentumque in promiscuo usu sit: non suspiciam me ob ista quae, etiam si apud me, extra me tamen sunt. In Sublicium pontem me transfer et inter egentes abice: non ideo tamen me despiciam quod in illorum numero consedero qui manum ad stipem porrigunt. Quid enim ad rem an frustum panis desit cui non deest mori posse? Quid ergo est? domum illam splendidam malo quam pontem. (2) Pone ⟨in⟩ instrumentis splendentibus et delicato apparatu: nihilo me feliciorem credam quod mihi molle erit amiculum, quod purpura convivis meis substernetur. Muta stragula mea: nihilo miserius ero si lassa cervix mea in maniculo faeni

»Erstens gibt es keinen Grund, daß du dir erlaubst, über Bessere ein Urteil zu fällen; mir gelingt es bereits – was ein Beweis für das rechte Verhalten ist –, den Schlechten zu mißfallen. (5) Aber um dir Rechenschaft zu geben, die ich keinem Menschen versage: Höre, wozu ich mich bekenne und wie ich ein jedes einschätze. Ich sage, daß Reichtum kein Gut ist; denn wenn er es wäre, würde er gut machen: Da er nun aber, weil er auch bei Schlechten angetroffen wird, nicht als Gut bezeichnet werden kann, verweigere ich ihm diesen Namen. Im übrigen gestehe ich zu, daß man ihn besitzen soll, daß er nützlich ist und große Annehmlichkeiten des Lebens mit sich bringt.

25 (1) Was nun also der Grund ist, weshalb ich ihn nicht zu den Gütern zähle, und was ich in ihm anderes sehe als ihr, da doch zwischen beiden Seiten Einigkeit darüber besteht, daß man ihn besitzen soll, das hört: Setze mich in ein überaus reiches Haus, setze mich dorthin, wo Gold und Silber bei jeder Gelegenheit in Gebrauch sind: Nicht werde ich wegen dieser Dinge zu mir aufschauen, die, auch wenn sie bei mir, doch außerhalb meiner sind. Versetze mich zum Pons Sublicius[23] und wirf mich unter die Bedürftigen: Dennoch werde ich nicht deswegen auf mich herabschauen, weil ich in der Schar derjenigen sitze, die die Hand nach einer Gabe ausstrecken. Was nämlich tut es zur Sache, ob demjenigen ein Bissen Brot fehlt, dem die Möglichkeit zu sterben nicht fehlt? Wie also steht es? Ich ziehe jenes prächtige Haus der Brücke vor. (2) Setze mich unter glänzenden Hausrat und in aufwendige Eleganz: Um nichts glücklicher werde ich mich schätzen, weil ich einen weichen Überwurf habe, weil Purpur für meine Gäste ausgebreitet wird. Tausche meine Decken aus: Um nichts unglücklicher werde ich sein, wenn mein müder

adquiescet, si super Circense tomentum per sarturas veteris lintei effluens incubabo. Quid ergo est? malo quid mihi animi sit ostendere praetextatus et †causatus† quam nudis scapulis aut †sententis†. (3) Omnes mihi ex voto dies cedant, novae gratulationes prioribus subtexantur: non ob hoc mihi placebo. Muta in contrarium hanc indulgentiam temporis, hinc illinc percutiatur animus damno luctu incursionibus variis, nulla hora sine aliqua querella sit: non ideo me dicam inter miserrima miserum, non ideo aliquem execrabor diem; provisum est enim a me ne quis mihi ater dies esset. Quid ergo est? malo gaudia temperare quam dolores compescere.'

(4) Hoc tibi ille Socrates dicet: 'fac me victorem universarum gentium, delicatus ille Liberi currus triumphantem usque ad Thebas a solis ortu vehat, iura reges a me petant: me hominem esse maxime cogitabo, cum deus undique consalutabor. Huic tam sublimi fastigio coniunge protinus praecipitem mutationem; in alienum inponar ferículum exornaturus victoris superbi ac feri pompam: non humilior sub alieno curru agar quam in meo steteram. Quid ergo est? vincere tamen quam capi malo. (5) Totum fortunae regnum despiciam, sed ex illo, si dabitur electio,

Nacken auf einer Handvoll Heu ruht, wenn ich auf einem Zirkuspolster liege, das bereits durch die Flicknähte der alten Leinwand herausquillt. Wie also steht es? Ich ziehe es vor, in der Toga praetexta[24] zu zeigen, was für eine Seele ich habe, und †. . .† als mit nackten Schultern †. . .†. (3) Mögen alle Tage für mich nach Wunsch verlaufen, mögen sich neue Glückwünsche an die früheren reihen: Ich werde deswegen nicht selbstgefällig werden. Verwandle diese Gunst der Zeit in ihr Gegenteil, von hier und von dort soll die Seele durch Verlust, Trauer, Angriffe unterschiedlichster Art erschüttert werden, keine Stunde soll ohne irgendeine Klage sein: Ich werde mich im schlimmen Unglück deswegen nicht unglücklich nennen; ich werde deswegen keinen einzigen Tag verfluchen; ich habe nämlich Vorsorge getroffen, daß es für mich keinen schwarzen Tag gebe. Wie also steht es? Ich will lieber Freuden mäßigen als Schmerzen unterdrücken.«
(4) Dies wird dir der berühmte Sokrates[25] sagen: »Mache mich zum Sieger über alle Völker, der üppig geschmückte Wagen des Liber[26] soll mich im Triumph vom Aufgang der Sonne bis nach Theben fahren, Könige sollen Rechtssatzungen von mir erbitten: Daß ich ein Mensch bin, werde ich vor allem dann bedenken, wenn ich von allen Seiten als Gott gegrüßt werde. Diesem erhabenen Gipfel schließe unmittelbar den jähen Wechsel an; möge ich auf eine fremde Trage[27] gesetzt werden, um den Zug eines stolzen und wilden Siegers zu schmücken: Ich werde nicht demütiger hinter dem fremden Wagen hergeführt werden, als ich auf dem meinen gestanden hatte. Wie also steht es? Ich will gleichwohl lieber siegen als gefangengenommen werden. (5) Das ganze Reich des Zufalls werde ich verachten, aber wenn man mir die Wahl läßt, werde ich mir aus

meliora sumam. Quidquid ad me venerit bonum fiet, sed malo faciliora ac iucundiora veniant et minus vexatura tractantem.

Non est enim quod existimes ullam esse sine labore virtutem, sed quaedam virtutes stimulis, quaedam frenis egent. (6) Quemadmodum corpus in proclivi retineri debet, adversus ardua inpelli, ita quaedam virtutes in proclivi sunt, quaedam clivum subeunt. An dubium est quin escendat nitatur obluctetur patientia fortitudo perseverantia et quaecumque alia duris opposita virtus est et fortunam subigit? (7) Quid ergo? non aeque manifestum est per devexum ire liberalitatem temperantiam mansuetudinem? In his continemus animum ne prolabatur, in illis exhortamur incitamusque acerrime. Ergo paupertati adhibebimus illas quae pugnare sciunt fortiores, divitiis illas diligentiores quae suspensum gradum ponunt et pondus suum sustinent. (8) Cum hoc ita divisum sit, malo has in usu mihi esse quae exercendae tranquillius sunt quam eas quarum experimentum sanguis et sudor est. Ergo non ego aliter' inquit sapiens 'vivo quam loquor, sed vos aliter auditis; sonus tantummodo verborum ad aures vestras pervenit: quid significet non quaeritis.'

26 (1) 'Quid ergo inter me stultum et te sapientem interest,

ihm die besseren Dinge nehmen. Was immer zu mir kommt, wird gut werden, aber ich ziehe es vor, daß Leichteres und Angenehmeres kommt und für den, der damit umgeht, weniger Quälendes.

Es gibt nämlich keinen Grund, daß du glaubst, irgendeine Tugend sei ohne Anstrengung, aber manche Tugenden bedürfen der Sporen, manche der Zügel. (6) Wie man einen Körper auf abschüssigem Grund zurückhalten muß, wenn es steil bergauf geht, jedoch vorantreiben, so befinden sich manche Tugenden auf abschüssigem Grund, manche ersteigen eine Anhöhe. Oder ist es etwa zweifelhaft, daß Leidensfähigkeit, Tapferkeit, Ausdauer und jede andere Tugend, die sich Widrigkeiten entgegenstemmt und das Geschick bezwingt, emporklimmen, sich anstrengen, ringen? (7) Was also? Ist es nicht ebenso offenkundig, daß Freigebigkeit, Mäßigung, Milde sich auf abfallendem Grund bewegen? Bei diesen halten wir die Seele fest, damit sie nicht nach vorne stürzt, bei jenen ermuntern wir sie und spornen sie aufs schärfste an. Also werden wir bei Armut jene Tugenden anwenden, die zu kämpfen verstehen, die tapfereren, bei Reichtum jene vorsichtigeren, die ihren Schritt zögernd setzen und das eigene Gewicht unter Kontrolle zu halten suchen. (8) Da nun diese Zweiteilung besteht, will ich lieber die Tugenden in Gebrauch haben, die auf ruhigere Weise zu üben sind, als die, deren Bewährung Blut und Schweiß bedeutet. Also lebe ich nicht anders«, sagt der Weise, »als ich rede, sondern ihr faßt es anders auf; nur der Klang der Worte gelangt zu euren Ohren: Was er bedeutet, fragt ihr nicht.«

26 (1) »Was für ein Unterschied besteht also zwischen mir, dem Dummen, und dir, dem Weisen, wenn wir beide

si uterque habere volumus?' Plurimum: divitiae enim apud sapientem virum in servitute sunt, apud stultum in imperio; sapiens divitiis nihil permittit, vobis divitiae omnia; vos, tamquam aliquis vobis aeternam possessionem earum promiserit, adsuescitis illis et cohaeretis, sapiens tunc maxime paupertatem meditatur cum in mediis divitiis constitit. (2) Numquam imperator ita paci credit ut non se praeparet bello quod, etiam si non geritur, indictum est: vos domus formonsa, tamquam nec ardere nec ruere possit, insolentes, vos opes, tamquam periculum omne transcenderint maioresque sint vobis quam quibus consumendis satis virium habeat fortuna, obstupefaciunt. (3) Otiosi divitiis luditis nec providetis illarum periculum, sicut barbari plerumque inclusi et ignari machinarum segnes laborem obsidentium spectant nec quo illa pertineant quae ex longinquo struuntur intellegunt. Idem vobis evenit: marcetis in vestris rebus nec cogitatis quot casus undique immineant iam iamque pretiosa spolia laturi. Sapientis quisquis abstulerit divitias, omnia illi sua relinquet; vivit enim praesentibus laetus, futuri securus.

(4) 'Nihil magis' inquit ille Socrates aut aliquis alius cui idem ⟨adfectus⟩ adversus humana atque eadem potestas est 'persuasi mihi quam ne ad opiniones vestras actum vitae meae flecterem. Solita conferte undique verba: non

besitzen wollen?« Ein sehr großer: Der Reichtum befindet sich nämlich bei einem weisen Mann in der Stellung eines Sklaven; bei einem dummen in der des Herrn; der Weise gestattet dem Reichtum nichts, euch gestattet der Reichtum alles; ihr, als ob jemand euch seinen ewigen Besitz versprochen hätte, gewöhnt euch an ihn und hängt an ihm; der Weise denkt dann am meisten an die Armut, wenn er sich mitten im Reichtum befindet. (2) Niemals vertraut ein Feldherr in der Weise auf den Frieden, daß er sich nicht auf den Krieg vorbereitet, der, auch wenn er nicht geführt wird, angesagt ist. Euch macht ein schönes Haus, als ob es weder verbrennen noch einstürzen könnte, hochmütig; euch läßt Reichtum staunend erstarren, als ob er jede Gefahr hinter sich gelassen hätte und ihr größeren besäßt, als daß das Schicksal stark genug wäre, ihn aufzuzehren. (3) Müßig spielt ihr mit dem Reichtum und seht seine Gefährdung nicht voraus, so wie Barbaren zumeist – eingeschlossen und in Unkenntnis der Belagerungsmaschinen – untätig der Anstrengung der Belagerer zusehen und nicht verstehen, worauf die Dinge abzielen, die in der Ferne gebaut werden. Dasselbe widerfährt euch: Ihr erschlafft in eurem Besitz und bedenkt nicht, wieviele Schicksalsschläge von überallher drohen, jetzt schon bereit, die kostbare Beute davonzutragen. Wer immer den Reichtum des Weisen wegschleppt, wird alles, was wirklich sein ist, bei ihm zurücklassen; denn er lebt froh über das Gegenwärtige, ohne Sorge um das Zukünftige.

(4) »Zu nichts«, sagt jener Sokrates oder irgendein anderer, der dieselbe Verfügungsgewalt und dieselbe Macht über die menschlichen Dinge hat, »bin ich mehr entschlossen als dazu, den Vollzug meines Lebens nicht nach euren Ansichten zu richten. Tragt überallher die üblichen

conviciari vos putabo sed vagire velut infantes miserrimos.' (5) Haec dicet ille cui sapientia contigit, quem animus vitiorum immunis increpare alios, non quia odit, sed in remedium iubet. Adiciet his illa: 'existimatio me vestra non meo nomine sed vestro movet, quia †clamitatis† odisse et lacessere virtutem bonae spei eiuratio est. Nullam mihi iniuriam facitis, sed ne dis quidem hi qui aras evertunt. Sed malum propositum apparet malumque consilium etiam ibi ubi nocere non potuit. (6) Sic vestras halucinationes fero quemadmodum Iuppiter optimus maximus ineptias poetarum, quorum alius illi alas inposuit, alius cornua, alius adulterum illum induxit et abnoctantem, alius saevum in deos, alius iniquum in homines, alius raptorem ingenuorum et cognatorum quidem, alius parricidam et regni alieni paternique expugnatorem: quibus nihil aliud actum est quam ut pudor hominibus peccandi demeretur, si tales deos credidissent.

(7) Sed quamquam ista me nihil laedant, vestra tamen vos moneo causa: suspicite virtutem, credite iis qui illam diu secuti magnum quiddam ipsos et quod in dies maius appareat sequi clamant, et ipsam ut deos ac professores eius ut antistites colite et, quotiens mentio sacrarum litterarum intervenerit, favete linguis. Hoc verbum non, ut plerique

Worte zusammen: Nicht daß ihr scheltet, werde ich glauben, sondern daß ihr quäkt wie ganz unglückliche kleine Kinder.« (5) Dies wird derjenige sagen, dem Weisheit zuteil geworden ist, dem seine von Schwäche freie Seele andere zu schelten befiehlt, nicht weil er haßt, sondern zur Heilung. Diesen Worten wird er folgendes hinzufügen: »Eure Meinung erregt mich nicht um meinet-, sondern um euretwillen, weil †. . .† die Tugend zu hassen und zu reizen guter Hoffnung abschwören heißt. Nichts Übles tut ihr mir an – aber es tun ja nicht einmal diejenigen den Göttern Übles an, die Altäre einreißen. Aber der böse Vorsatz und die böse Absicht treten auch da hervor, wo sie nicht schaden konnten. (6) Eure Faseleien ertrage ich so, wie Juppiter Optimus Maximus die Ungereimtheiten der Dichter, von denen der eine ihm Flügel angedichtet hat, ein anderer Hörner, ein anderer ihn als Ehebrecher dargestellt hat und Nachtschwärmer, ein anderer als grausam gegen die Götter, ein anderer als ungerecht gegen die Menschen, ein anderer als Entführer von Freigeborenen und sogar Verwandten, ein anderer als Vatermörder und Eroberer eines fremden, und zwar des väterlichen Reiches: Dadurch ist nichts anderes bewirkt worden, als daß den Menschen die Scheu zu sündigen genommen wurde, wenn sie an solche Götter glaubten.

(7) Aber wenn mich diese Dinge auch keineswegs verletzen, so ermahne ich euch doch um euretwillen: Schaut auf zur Tugend; glaubt denen, die, nachdem sie ihr lange gefolgt sind, laut verkünden, daß sie einer großen Sache folgen, die sich von Tag zu Tag als bedeutender erweist, und verehrt sie selbst wie die Götter und ihre Lehrer wie Priester, und sooft der heiligen Wissenschaft Erwähnung geschieht, schweigt in Ehrfurcht.[28] Dieses Wort läßt sich

existimant, a favore trahitur, sed imperat silentium ut rite peragi possit sacrum nulla voce mala obstrepente; quod multo magis necessarium est imperari vobis, ut quotiens aliquid ex illo proferetur oraculo, intenti et compressa voce audiatis. (8) Cum sistrum aliquis concutiens ex imperio mentitur, cum aliquis secandi lacertos suos artifex brachia atque umeros suspensa manu cruentat, cum aliqua genibus per viam repens ululat laurumque linteatus senex et medio lucernam die praeferens conclamat iratum aliquem deorum, concurritis et auditis ac divinum esse eum, invicem mutuum alentes stuporem, adfirmatis.'

27 (1) Ecce Socrates ex illo carcere quem intrando purgavit omnique honestiorem curia reddidit proclamat: 'qui iste furor, quae ista inimica dis hominibusque natura est infamare virtutes et malignis sermonibus sancta violare? Si potestis, bonos laudate, si minus, transite; quod si vobis exercere taetram istam licentiam placet, alter in alterum incursitate. Nam cum in caelum insanitis, non dico sacrilegium facitis sed operam perditis. (2) Praebui ego aliquando Aristophani materiam iocorum, tota illa comicorum poetarum manus in me venenatos sales suos effudit: inlustrata est virtus mea per ea ipsa per quae petebatur;

nicht, wie die meisten glauben, von »Gunstbezeigung« her verstehen, sondern es befiehlt Schweigen, damit das Opfer ordnungsgemäß vollzogen werden kann, ohne daß ein schädliches Wort dazwischentönt. Viel notwendiger ist es, dies euch zu befehlen, damit ihr, sooft etwas von jenem Orakel verkündet werden wird, aufmerksam und jedes Wort unterdrückend zuhört. (8) Wenn irgendeiner, die Klapper[29] schüttelnd, seinem Auftrag entsprechend Lügen verkündet, wenn irgendeiner – Künstler darin, sich die Arme aufzuschneiden[30] – Arme und Schultern mit unsicherer Hand zum Bluten bringt, wenn irgendeine, auf Knien den Weg entlangrutschend, ein Geheul anstimmt und ein in Leinwand gekleideter Greis, der Lorbeer und – mitten am Tag – eine Laterne vor sich herträgt, laut ruft, irgendeine der Gottheiten sei erzürnt, dann lauft ihr zusammen und hört zu und versichert, er sei ein göttlicher Mann, indem ihr wechselseitig eure staunende Betroffenheit nährt.«

27 (1) Siehe, Sokrates ruft laut aus jenem Kerker,[31] den er durch sein Eintreten reinigte und ehrwürdiger als jede Kurie machte: »Was ist das für eine Raserei, was ist das für eine Göttern und Menschen feindliche Sinnesart, die Tugenden in den Schmutz zu ziehen und mit bösartigem Gerede Heiliges zu schänden? Wenn ihr könnt, preist die Guten, wenn nicht, macht, daß ihr weiterkommt; wenn es euch aber gefällt, diese ekelhafte Zügellosigkeit zu üben, fahrt auf einander los. Denn wenn ihr gegen den Himmel rast, dann – ich sage nicht: begeht ihr ein Sakrileg, sondern: vergeudet ihr eure Mühe. (2) Ich habe dem Aristophanes einst Stoff für Scherze geboten;[32] die ganze Schar der komischen Dichter hat über mich ihren giftigen Spott ausgegossen: Ins Licht ist meine Tugend durch eben die

produci enim illi et temptari expedit, nec ulli magis intellegunt quanta sit quam qui vires eius lacessendo senserunt: duritia silicis nullis magis quam ferientibus nota est. (3) Praebeo me non aliter quam rupes aliqua in vadoso mari destituta, quam fluctus non desinunt, undecumque moti sunt, verberare, nec ideo aut loco eam movent aut per tot aetates crebro incursu suo consumunt. Adsilite, facite impetum: ferendo vos vincam. In ea quae firma et inexsuperabilia sunt quidquid incurrit malo suo vim suam exercet: proinde quaerite aliquam mollem cedentemque materiam in qua tela vestra figantur.

(4) Vobis autem vacat aliena scrutari mala et sententias ferre de quoquam? "Quare hic philosophus laxius habitat? quare hic lautius cenat?" Papulas observatis alienas, obsiti plurimis ulceribus? hoc tale est quale si quis pulcherrimorum corporum naevos aut verrucas derideat quem foeda scabies depascitur. (5) Obicite Platoni quod petierit pecuniam, Aristoteli quod acceperit, Democrito quod neglexerit, Epicuro quod consumpserit; mihi ipsi Alcibiaden et Phaedrum obiectate, †o vos usu† maxime felices, cum primum vobis imitari vitia nostra contigerit. (6) Quin potius mala vestra circumspicitis, quae vos ab omni parte confodiunt, alia grassantia extrinsecus, alia in visceribus ipsis ardentia? Non eo loco res humanae sunt,

Dinge gerückt worden, durch die sie angegriffen wurde; denn vorgeführt und angegriffen zu werden nützt ihr, und niemand erkennt eher, wie groß sie ist, als die, die ihre Kräfte herausgefordert und gespürt haben: Die Härte des Granit ist niemandem besser bekannt als denen, die auf ihn einschlagen. (3) Ich biete mich nicht anders dar als irgendein Fels, der verlassen im brandenden Meer steht und den die Fluten, von wo auch immer sie herangetrieben werden, unaufhörlich peitschen und doch deswegen weder von der Stelle bewegen noch durch ihren während so vieler Lebensalter beständig erneuerten Angriff aufzehren. Stürmt heran, greift an: Durch Standhalten werde ich euch besiegen. Gegen das, was fest und unüberwindlich ist, betätigt alles, was anrennt, seine Kraft zum eigenen Schaden. Daher sucht irgendeinen weichen, nachgiebigen Stoff, in den sich eure Geschosse bohren können.

(4) Ihr aber habt noch Muße, fremde Fehler aufzuspüren und über irgend jemanden Urteile zu fällen? ›Warum wohnt dieser Philosoph zu großzügig? Warum speist dieser zu gepflegt?‹ Auf Pusteln bei anderen gebt ihr acht, die ihr selbst von zahlreichen Geschwüren übersät seid? Das ist so, wie wenn einer über Muttermale und Warzen an ausnehmend schönen Körpern spottet, den selbst häßliche Krätze zerfrißt. (5) Werft Platon vor, daß er Geld verlangt, Aristoteles, daß er es genommen, Demokrit, daß er es vernachlässigt, Epikur, daß er es verbraucht hat; mir selbst werft Alkibiades und Phaidros vor,[33] die ihr doch †...† überaus glücklich wärt, sobald es euch gelänge, unsere Fehler nachzuahmen. (6) Warum betrachtet ihr nicht lieber eure Übel, die euch allseits durchbohren, die einen außen wütend, die anderen in den Eingeweiden selbst brennend? Mit den menschlichen Dingen

etiam si statum vestrum parum nostis, ut vobis tantum otii supersit ut in probra meliorum agitare linguam vacet. **28** (1) Hoc vos non intellegitis et alienum fortunae vestrae vultum geritis, sicut plurimi quibus in circo aut theatro desidentibus iam funesta domus est nec adnuntiatum malum. At ego ex alto prospiciens video quae tempestates aut immineant vobis paulo tardius rupturae nimbum suum aut iam vicinae vos ac vestra rapturae propius accesserint. Quid porro? nonne nunc quoque, etiam si parum sentitis, turbo quidam animos vestros rotat et involvit fugientes petentesque eadem et nunc in sublime adlevatos nunc in infima adlisos cir * * * ?

steht es nicht so – auch wenn ihr euren Zustand zu wenig kennt –, daß ihr noch so viel Muße hättet, daß es euch freistünde, eure Zunge zu Beschimpfungen der Besseren zu betätigen. **28** (1) Dies seht ihr nicht ein und tragt eine eurem Schicksal ganz unangemessene Miene zur Schau, so wie sehr viele, denen ihr Haus, während sie müßig im Zirkus oder Theater sitzen, schon zum Trauerhaus geworden, Leid aber noch nicht gemeldet ist. Aber ich blicke von meiner hohen Warte in die Ferne und sehe, welche Stürme euch entweder bedrohen, im Begriff, kurze Zeit später ihre Wolke bersten zu lassen, oder – ohnehin schon nahe – noch näher herangekommen sind, um euch und eure Habe hinwegzuraffen. Was weiter? Dreht und wälzt nicht auch schon jetzt, auch wenn ihr es kaum spürt, eine Art Wirbelwind eure Seelen umher, die dasselbe fliehen und erstreben und bald in die Höhe erhoben, bald in die Tiefe gestoßen um †. . .†

Zur Textgestalt

Der Text der vorliegenden Ausgabe folgt weitgehend der Ausgabe von L. D. Reynolds (s. Literaturhinweise unter »Ausgaben, Kommentare, Übersetzungen«). Abweichungen finden sich an folgenden Stellen:

	Reynolds	*Reclam*
1,4	[si]	si
3,4	nam voluptatibus et ***	nam voluptatibus et ⟨doloribus spretis⟩ (Reitzenstein)
	† ipsis flagitiis noxia †	ipsis flagitiis noxia
5,2	animalium	inanimalium (Reitzenstein)
6,1	futura	obfutura (Erasmus)
7,4	† mutavit †	mutavit
8,4	† erat vera. Ratio vera †	[erat vera] Ratio vero (Russell)
10,3	† utique enim †	⟨non⟩ utique enim (Reynolds im Apparat)
11,1	cui soli concedimus	cui soli concedis (Codices)
12,5	† adulescentiae †	adulescentiae
13,4	† degenerans viro †	degenerans viro
19,2	† omnium †	vestrorum (Erasmus)
19,5	Crederem	⟨Non⟩ crederem (Madvig)
25,4	† penatium †	a me (Madvig)

Anmerkungen

1 Senecas älterer Bruder Annaeus Seneca Novatus, der als erwachsener Mann von dem Rhetor L. Iunius Gallio adoptiert wurde (Zeitpunkt unsicher, vgl. Nachw. S. 116) und von da an L. Iunius Gallio Annaeanus hieß. Zur Zeit des Apostels Paulus war er Promagistrat in Korinth (Apostelgeschichte 18,12–17), später *consul suffectus*. Wie sein Bruder mußte er nach der Aufdeckung der Pisonischen Verschwörung Selbstmord verüben.

2 Zur Erklärung der vielbehandelten Stelle vgl. H. Dahlmann (s. Lit.verz. unter *De vita beata*), S. 309–314 (*chlamys*: »das purpurne, golddurchwirkte Prachtgewand vornehmsten Adels, sozial höchsten Ranges und Anspruchs, das seinen Träger aus dem *vulgus* herauszuheben scheint«; *corona*: »Schmuck des Kranzes, der ebenfalls in mannigfachen Arten als ehrender Preis verliehen aus der Masse heraushebt«).

3 Dem Aedilen oblag im Rahmen der *cura urbis* die polizeiliche Aufsicht nicht nur über Straßen und Märkte, sondern auch über Bäder und Bordelle.

4 Vergil, *Aeneis* 2,61. Seneca, aus dem Gedächtnis zitierend, schreibt *animo*. Vergil hatte jedoch wahrscheinlich *animi*. Immerhin bietet auch der aus dem 5. Jh. stammende Codex Vaticanus Latinus 3867 *animo*, das den normalen Sprachgebrauch repräsentiert.

5 Den Schlemmer Nomentanus erwähnt bereits Horaz häufig als Beispiel für verschwendungssüchtigen Luxus (*Satiren* 1,1,102; 1,8,11; 2,1,22; 2,3,175.224 ff.).

6 Apicius, ein älterer Zeitgenosse Senecas, war ein bekannter Feinschmecker und Verfasser eines Werkes in zehn Büchern über die Kochkunst. Nachdem er 100 Millionen Sesterzen verpraßt hatte, verübte er Selbstmord, da ihm die übriggebliebenen 10 Millionen zum

Leben nicht ausreichend schienen (vgl. Seneca, *Ad Helviam matrem* 10,8–10).

7 Das *tympanum*, eine mit Schellen besetzte Handpauke, gehörte zum Kult der asiatischen Göttermutter Kybele, deren Priester sich selbst zu entmannen pflegten. Dementsprechend bereitet seine Erwähnung das *videtur enervis, fractus, degenerans viro* des folgenden Paragraphen vor.

8 Die Syrten, zwei Buchten der nordafrikanischen Küste, waren bei den Seeleuten wegen ihrer unberechenbaren Strömungen und Untiefen gefürchtet (vgl. etwa Sallust, *Jugurtha* 78,1–3; Horaz, *Carmen* 2,6,3 f.).

9 Vergil, *Georgica* 1,139 f. Seneca zitiert aus dem Gedächtnis und schreibt *laqueo* statt *laqueis, latos* statt *magnos* (korrekt jedoch in *Epist. ad Lucil.* 90,11!).

10 Publius Rutilius Rufus zeichnete sich in der Verwaltung der Provinz Asien 94 v. Chr. durch Gerechtigkeit und Strenge aus. Er zog sich dadurch den Haß der Steuerpächter zu, die ihn 92 erfolgreich wegen Erpressung der Provinzialen anklagten. Seine vielseitige, vor allem jedoch philosophische Bildung (er war Schüler des stoischen Philosophen Panaitios: Cicero, *De officiis* 3,2,10) stellte er in Reden, historischen und juristischen Schriften unter Beweis.

11 Wohl M. Porcius Cato der Jüngere, Urenkel des Cato *censorius*, dessen Sittenstrenge er, den Stoikern nahestehend, nacheiferte. Seine republikanische Haltung brachte ihn in Opposition zu Caesar. Nach dessen Sieg über die Senatspartei in der Schlacht bei Thapsus 46 v. Chr. beging Cato Selbstmord. Cicero und M. Brutus verfaßten Lobschriften auf ihn, die Caesar mit einem *Anticato* beantwortete.

12 Kynischer Philosoph des 1. Jh.s n. Chr. Seneca rühmt mehrfach seine Bedürfnislosigkeit und den Freimut seiner Rede (vgl. bes. *De beneficiis* 7,1,3 und *Epist. ad Lucil.* 20,9).

13 Nur durch diese Stelle bekannter Epikureer.

14 Vergil, *Aeneis* 4,653. In einem ähnlichen Zusammenhang von Seneca auch in *Epist. ad Lucil.* 12,9 zitiert.

15 Die Rede ist hier von den nach dem rechten Verhalten strebenden Anhängern der Philosophie, die immerhin das erreichen, daß sie nur an dem *einen* Kreuz ihrer menschlichen Unzulänglichkeit leiden, und von ihren Lästerern, die von *zahlreichen* Leidenschaften, gleichsam an mehreren Kreuzen zugleich hängend, gequält werden.

16 Ovid, *Metamorphosen* 2,328.

17 Vgl. Anm. 11.

18 Manius Curius Dentatus, Feldherr und Politiker des frühen 3. Jh.s v. Chr. Er besiegte 290 v. Chr. die Samniten, 275 König Pyrrhos und wurde 272 zum *censor* gewählt. Er galt als Muster altrömischer Sittenstrenge; seine Bescheidenheit, Uneigennützigkeit und Unbestechlichkeit waren legendär (vgl. Ennius, *Annales*, Frg. 373 Vahlen[2], Cicero, *Cato maior* 15.43.55 f., Horaz, *Carmen* 1,12,41). Der ältere Cato nahm ihn sich zum Vorbild.

19 Tiberius Coruncanius, jüngerer Zeitgenosse des Curius, kämpfte 280 v. Chr. als Konsul gegen die Etrusker und König Pyrrhos und wurde um 254 als erster Plebejer *pontifex maximus*. Er galt als gewissenhafter Staatsmann und kenntnisreicher Jurist (vgl. Cicero, *Brutus* 55; *De oratore* 3,56.134; *Cato maior* 15.27.43; u. ö.).

20 Vgl. die Darstellung des frühen Rom bei Ovid, *Fasti* 1,208: *et levis argenti lammina crimen erat*. Silber war im alten Rom selten, der Besitz größerer Mengen verpönt. Der Konsular Publius Cornelius Rufinus wurde 275 v. Chr. wegen des Besitzes einiger Pfund Tafelsilber aus dem Senat gestoßen (Gellius, *Noctes Atticae* 4,8,7; 17,21,39).

21 Marcus Licinius Crassus, 115–53 v. Chr., im Jahre 60 v. Chr. mit Caesar und Pompeius im sogenannten Er-

sten Triumvirat verbündet, war der reichste Römer seiner Zeit.

22 Marcus Porcius Cato der Ältere, 234–149 v. Chr., das Urbild altrömischer Sittenstrenge schlechthin, wirkte 184 v. Chr. als *censor* besonders energisch gegen den Luxus.

23 Der *pons Sublicius* war die älteste, ursprünglich auf hölzernen Pfählen errichtete Brücke Roms. Brücken waren allgemein ein beliebter Aufenthaltsort für Bettler.

24 D. h. in der mit dem breiten Purpurstreifen versehenen Toga des römischen Senators.

25 Sokrates verkörpert hier (wie auch sonst oft) den Weisen schlechthin.

26 Der altrömische Gott Liber wurde mit dem griechischen Bakchos/Dionysos identifiziert. Dessen Zug nach dem fernen Indien und seine Rückkehr auf einem von Panthern gezogenen Triumphwagen fanden in hellenistischer Zeit Eingang in den Mythos (nach dem Vorbild des Alexanderzuges). Der Stadt Theben ist Bakchos/Dionysos durch seine Mutter, die thebanische Königstochter Semele, verbunden.

27 Auf solchen Traggestellen wurden im Triumphzug die Trophäen und Beutestücke mitgeführt, ebenso wohl auch bedeutende Gefangene (vgl. Seneca, *Hercules Oetaeus* 110).

28 *favete linguis*: (wörtl.) begünstigt mit eurer Zunge.

29 Klapper oder Rassel, dem Isiskult zugehöriges Lärminstrument.

30 In den Kulten der mit der römischen Kriegsgöttin Bellona identifizierten kappadokischen Göttin Ma und der phrygischen Göttermutter Kybele war das Aufritzen der Oberarme verbreitet. Die Verehrer (insbesondere die Priester) brachten der Göttin auf diese Weise ihr Blut als Opfer dar.

31 In seiner Gefängniszelle führte Sokrates, während er auf die Hinrichtung wartete, mit seinen Freunden und Schü-

lern philosophische Gespräche (wie sie vor allem in den Platonischen Dialogen *Kriton* und *Phaidon* nachgezeichnet sind).

32 Aristophanes verspottete den Philosophen in seiner Komödie *Die Wolken* (aufgeführt 423 v. Chr.).

33 Offensichtlich wurden dem Sokrates für seinen Umgang mit jungen Männern wie Alkibiades und Phaidros erotische Motive unterstellt. Dies trotz der gegenteiligen Schilderung des Platonischen Alkibiades (*Symposion* 217A ff.).

Literaturhinweise

Bibliographie

F.-R. Chaumartin: Quarante ans de recherche sur les œuvres philosophiques de Sénèque (Bibliographie 1945–1986). In: Aufstieg und Niedergang der römischen Welt (ANRW). Hrsg. von H. Temporini und W. Haase. Bd. II,36,3. Berlin / New York 1989. S. 1545 bis 1605.

Ausgaben, Kommentare, Übersetzungen

L. Annaei Senecae dialogorum libros XII rec. M. C. Gertz. Kopenhagen: Gyldendal, 1886.

Sénèque: Dialogues. Tome II: De la vie heureuse. De la brièveté de la vie. Texte établie et traduit par A. Bourgery. Paris: Société d'édition »Les belles lettres«, 1923. [Mehrere Nachdr.]

Seneca: Moral Essays. With an English transl. by J. W. Basore. Vol. 2. London: Loeb Classical Library, 1932. [Mehrere Nachdr.]

L. Annaeus Seneca: Vom glückseligen Leben und andere Schriften. Übers. nach L. Rumpel. Mit Einf. und Anm. hrsg. von P. Jaerisch. Stuttgart: Reclam, 1953. 1984. (Universal-Bibliothek. 7790.)

L. Annaei Senecae dialogorum libri duodecim. Rec. L. D. Reynolds. Oxford: Clarendon Press, 1967.

L. Annaei Senecae De Vita Beata – Sénèque: Sur le bonheur. Édition, introduction et commentaire de P. Grimal. Paris: Presses universitaires de France, 1969.

L. Annaeus Seneca: Philosophische Schriften. Lat./Dt. Bd. 2: Dialoge VII–XII. Hrsg., übers., eingel. und mit Anm. vers. von M. Rosenbach. Darmstadt: Wissenschaftliche Buchgesellschaft, 1971.

Seneca: Vom glückseligen Leben. Trostschrift für Marcia. Von der Ruhe des Herzens. Übertr. und eingel. von H. M. Endres. München: Goldmann, 1975.

Seneca: Vom glückseligen Leben. Auswahl aus seinen Schriften. Nach der Übers. von A. Forbiger (1867) hrsg. von H. Schmidt. Eingel. von J. Kroymann. Stuttgart: Kröner, ^{14}1978.

Seneca: Von der Seelenruhe. Philosophische Schriften und Briefe. Hrsg. und übers. von H. Berthold. Leipzig: Dieterich, 1980. Lizenzausg. Frankfurt a. M.: Insel Verlag, 1984. (Insel-Tb. 743.)

Sekundärliteratur

Sammelbände

Actas del congreso internacional de filosofía en conmemoración de Séneca, en el XIX centenario de su muerte. Bd. 1. Córdoba 1965. Bd. 2. Madrid 1966. Bd. 3. Madrid 1967.
Seneca. Ed. by C. D. N. Costa. London/Boston 1974. (Greek and Latin Studies. Classical Literature and its Influence.)
Seneca als Philosoph. Hrsg. von G. Maurach. Darmstadt 1975. 1987. (Wege der Forschung. 414.)
Seneca. Letture critiche. A cura di A. Traina. Mailand 1976.

Gesamtdarstellungen

A. L. Motto: Seneca. New York 1973.
M. T. Griffin: Seneca. A Philosopher in Politics. Oxford 1976.
M. Rozelaar: Seneca. Eine Gesamtdarstellung. Amsterdam 1976.
V. Sørensen: Seneca. Humanisten ved Neros hof. Kopenhagen 1976. – Dt. Übers.: Seneca. Ein Humanist an Neros Hof. München 1984.
P. Grimal: Sénèque ou la conscience de l'empire. Paris 1978. – Dt. Übers.: Seneca. Macht und Ohnmacht des Geistes. Darmstadt 1978. (Impulse der Forschung. 24.)
K. Abel: Seneca. Leben und Leistung. In: Aufstieg und Niedergang der römischen Welt (ANRW). Hrsg. von H. Temporini und W. Haase. Bd. II,32,2. Berlin / New York 1985. S. 653–775.

Seneca als Philosoph und philosophischer Schriftsteller

L. Friedländer: Der Philosoph Seneca. In: Historische Zeitschrift. N. F. 49 (1900) S. 193–249. Wiederabgedr. in: G. Maurach (Hrsg.): Seneca als Philosoph. Darmstadt 1975. (Wege der Forschung. 414.) S. 95–148.
E. Albertini: La composition dans les ouvrages philosophiques de Sénèque. Paris 1923.
O. Regenbogen: Seneca als Denker römischer Willenshaltung. In: Die Antike 12 (1936) S. 107–130. Wiederabgedr. in: O. R.: Kleine Schriften. Hrsg. von F. Dirlmeier. München 1961. S. 387–408.
U. Knoche: Der Philosoph Seneca. Frankfurt a. M. 1933.
A. Bourgery: Sénèque le philosophe. Paris 1938.

M. Pohlenz: Die Stoa. Geschichte einer geistigen Bewegung. 2 Bde. Göttingen [4]1970–1972. Bd. 1. S. 303–327. Bd. 2. S. 152–161.

A.-M. Guillemin: Sénèque directeur d'âmes. I: L'idéal. In: Revue des Études Latines 30 (1952) S. 202–221. Wiederabgedr. in: Römische Philosophie. Hrsg. von G. Maurach. Darmstadt 1975. (Wege der Forschung. 193.) S. 201–222. II: Son activité pratique. In: Revue des Études Latines 31 (1953) S. 215–234. III: Les théories littéraires. In: Revue des Études Latines 32 (1954) S. 250–274.

W. Trillitzsch: Senecas Beweisführung. Berlin 1962.

I. Hadot: Seneca und die griechisch-römische Tradition der Seelenleitung. Berlin 1969.

H. M. Currie: Seneca as philosopher. In: Neronians and Flavians. Ed. by D. R. Dudley. London/Boston 1972. S. 24–61.

J. M. André: La philosophie à Rome. Paris 1977. S. 133–191.

M. Bellincioni: Educazione alla sapientia in Seneca. Brescia 1978.

P. Grimal: Sénèque et le Stoïcisme Romain. In: Aufstieg und Niedergang der römischen Welt (ANRW). Hrsg. von H. Temporini und W. Haase. Bd. II,36,3. Berlin / New York 1989. S. 1962–1992.

J. M. Rist: Seneca and Stoic Orthodoxy. In: Aufstieg und Niedergang der römischen Welt (ANRW). Hrsg. von H. Temporini und W. Haase. Bd. II,36,3. Berlin / New York 1989. S. 1993–2012.

Dialogi

E. Köstermann: Untersuchungen zu den Dialogschriften Senecas. Berlin 1934. (Sitzungsberichte der Berliner Akademie der Wissenschaften. Phil.-hist. Klasse. 12.)

H. Dahlmann: Rezension E. Köstermann (1934). In: Gnomon 13 (1937) S. 366–382.

M. Pohlenz: Philosophie und Erlebnis in Senecas Dialogen. Göttingen 1941. (Nachrichten der Gesellschaft der Wissenschaften in Göttingen. Phil.-hist. Klasse. 6. S. 55–118.) – Wiederabgedr. in: M. P.: Kleine Schriften. Bd. 1. Hildesheim 1965. S. 384–447.

F. Giancotti: Cronologia dei Dialoghi di Seneca. Turin 1957.

E. G. Schmidt: Die Anordnung der Dialoge Senecas. In: Helikon 1 (1961) S. 245–263.

H. Wagenvoort: Ad Senecae Dialogorum libros VII–XI. Adnotationes criticae. In: Festschrift L. Castiglioni. 2 Bde. Florenz 1960. Bd. 2. S. 1081–1090. [U. a. zu *De vita beata* 8,3 f.; 9,4; 25,2.]

K. Abel: Bauformen in Senecas Dialogen. Heidelberg 1967.

H. Wagenvoort: Ad Senecae Dialogorum libros VII–XII. Scholia critica. In: Giornale Italiano di Filologia 20 (1967) S. 313–317. [U. a. zu *De vita beata* 2,2; 3,4; 7,5; 17,4.]

L. D. Reynolds: Some notes on the text of Seneca's Dialogues. In: Classical Quarterly 24 (1974) S. 269–275. [U. a. zu *De vita beata* 10,2; 26,4.]

J. R. G. Wright: Form and content in the moral essays. In: Seneca. Ed. C. D. N. Costa (1974) S. 39–69.

A. Nikolova-Bourova: On the chronology of Seneca's philosophical dialogues. In: Revue de l'Organisation internationale pour l'étude des langues anciennes par ordinateur 2 (1975) S. 1–30.

A. Michel: Dialogue philosophique et vie intérieure. Cicéron, Sénèque, Saint Augustin. In: Helmantica 28 (1977) S. 353–376.

De vita beata

M. Pohlenz: Philosophie und Erlebnis (1941) S. 55–81.

W. H. Alexander: How poor is poor enough? In: Classical Bulletin 27 (1951) S. 63 f. [Zu 18,3.]

L. Herrmann: Sénèque: De vita beata. In: Latomus 15 (1956) S. 86. [Zu 17,1; 19,1.]

H. Wagenvoort: Ad Senecae De vita beata 6,1. In: Mnemosyne 9 (1956) S. 111.

J. Ferguson: Was Gallio an Epicurean? In: Palaeologia 7 (1958) S. 111–114.

E. Cizek: Sur la rédaction du dialogue De vita beata. In: Studii clasice 5 (1963) S. 211–222. [Rumänisch mit russ. und frz. Zusammenfassung.]

I. Parisella: Utrum Seneca qui paupertatem laudaverit laute vixerit. In: Latinitas 11 (1963) S. 94–102.

P. Grimal: La critique de l'aristotélisme dans le *De vita beata*. In: Revue des Études Latines 45 (1967) S. 396–419.

R. Turcan: Sénèque et les religions orientales. Brüssel 1967.

H. Dahlmann: Bemerkungen zu Seneca: De vita beata. Wiesbaden 1972. (Abhandlungen der Akademie der Wissenschaften und der Literatur Mainz. Geistes- und sozialwissenschaftliche Klasse. 6. S. 309–335.) [Zu 2,2; 11,4; 13,3–5; 17,2; 19,3; 20,3.]

H. Fuchs: Textgestaltung in Senecas Schriften De brevitate vitae und De vita beata. In: Rheinisches Museum N. F. 116 (1973) S. 279 bis 303. [U. a. zu mehr als 100 Stellen von *De vita beata*.]

M. Griffin: Seneca (1976) S. 286–314.
P. Grimal: Sénèque: du traité sur *la vie heureuse* aux *Lettres à Lucilius*. In: Vita Latina 69 (1978) S. 2–11.
A. Michel: A propos du bonheur: Pensée latine et tradition philosophique. In: Revue des Études Latines 56 (1978) S. 349–368.
J. Lindersky: Two cruces in Seneca's *De vita beata* 25,2. In: American Journal of Philology 103 (1982) S. 89–94.
W. Stroh: De dispositione libelli quem de vita beata Seneca scripsit. In: Festschrift F. Egermann. München 1985. S. 141–145.
F.-R. Chaumartin: Les desillusions de Sénèque devant l'évolution de la politique néronienne et l'aspiration à la retraite: le ›De vita beata‹ et le ›De beneficiis‹. In: Aufstieg und Niedergang der römischen Welt (ANRW). Hrsg. von H. Temporini und W. Haase. Bd. II,36,3. Berlin / New York 1989. S. 1686–1723.

Zur heutigen Glücksdiskussion

J. Pieper: Glück und Kontemplation. München ^{3}1962.
H. Kundler (Hrsg.): Anatomie des Glücks. Köln 1971.
L. Marcuse: Philosophie des Glücks. Von Hiob bis Freud. Zürich 1972.
U. Hommes (Hrsg.): Was ist Glück? Ein Symposion. München 1976.
G. Bien (Hrsg.): Die Frage nach dem Glück. Stuttgart-Bad Cannstatt 1978.
E. Martens (Hrsg.): Was heißt Glück? Hannover 1978.
K. M. Meyer-Abich / D. Birnbacher (Hrsg.): Was braucht der Mensch, um glücklich zu sein? München 1979.
R. M. Bäumer / G. Helmes: Tendenzen der gegenwärtigen Glücksdiskussion. Ein Literaturbericht in zwei Teilen. In: Zeitschrift für Literaturwissenschaft und Linguistik 50 (1983) S. 99–127.
H. Krämer: Plädoyer für eine Philosophie der Lebenskunst. In: Information Philosophie 1988, H. 3, S. 5–17.
L. McFall: Happiness. New York / Bern / Frankfurt a. M. / Paris 1988. (Studies in Moral Philosophy. 1.)

Nachwort

Im Oktober 54 n. Chr. stirbt Kaiser Claudius – wahrscheinlich keines natürlichen Todes. Die Prätorianergarde huldigt umgehend seinem siebzehnjährigen Adoptivsohn Nero als neuem *imperator*. Der Senat schließt sich an. Das Volk jubelt, als es die Nachricht erhält. Der Thronwechsel ist vollzogen.

Die Vorgänge des Oktober 54 sind nicht nur für Nero und seine ehrgeizige Mutter Agrippina von Bedeutung, sondern auch für Neros Erzieher, den Redner, Publizisten und Philosophen L. Annaeus Seneca. Ihn bringt die Thronbesteigung seines Zöglings nach zahlreichen Wechselfällen des Lebens im Alter von etwa 50 Jahren endgültig ins Machtzentrum des Imperiums. Nach der übereinstimmenden Aussage des Tacitus (Ann. 13,2) und des Cassius Dio (61,4) sind Seneca und der Prätorianerpräfekt Burrus für die nächsten Jahre die wichtigsten Berater Neros, ja die eigentlichen Lenker der kaiserlichen Politik. Der politischen Machtstellung entspricht die ökonomische Situation Senecas. Schon von Haus aus reich, wird er jetzt durch zahlreiche Schenkungen Neros zu einem der reichsten Männer Roms.

Der Umstand, daß ein Mann von der geistigen Bedeutung Senecas unter Nero eine so macht- und glanzvolle Stellung erreichen und zumindest für eine Reihe von Jahren auch behaupten kann, hat von jeher ebenso fasziniert wie nachdenklich gestimmt. Die Untertitel der drei wichtigsten jüngeren Gesamtdarstellungen sind symptomatisch: »Ein Philosoph in der Politik«, »Ein Humanist an Neros Hof«, »Das Gewissen des Reiches«.[1] Das Problem der Vermittlung von

1 M. T. Griffin, *Seneca. A Philosopher in Politics*, Oxford 1976; V. Sørensen, *Seneca. Humanisten ved Neros hof*, Kopenhagen 1976, deutsch: *Seneca. Ein Humanist an Neros Hof*, München 1984; P. Grimal, *Sénèque ou la conscience de l'empire*, Paris 1978, deutsch: *Seneca. Macht und Ohnmacht des Geistes*, Darmstadt 1978 (Impulse der Forschung, 24).

Politik und Philosophie, von Regierungsgewalt und gebildeter Menschlichkeit, von Macht und Geist verkörpert sich in wenigen so anschaulich wie in Seneca. Es hat in seinem Fall zu zahlreichen Stellungnahmen angeregt. Daß dabei dann meist auch die Frage nach Übereinstimmung oder Diskrepanz von Lehre und Leben gestellt und teilweise sehr unterschiedlich beantwortet wurde, kann nicht verwundern.
Die kleine Schrift *De vita beata* ist für diesen Komplex des Seneca-Verständnisses von besonderer Bedeutung. Sie ist mit aller Wahrscheinlichkeit in eben jenen Jahren entstanden, als Seneca auf dem Höhepunkt seines Einflusses stand,[2] und sie handelt nicht nur vom glücklichen, sondern auch vom moralisch guten Leben. Derjenige, dem am Verständnis und an der Beurteilung Senecas liegt, ist somit aufgefordert zu fragen, was hier auf welche Weise und mit welcher Absicht gesagt wird und wie all dies zum tatsächlichen Verhalten des Autors in Beziehung zu setzen ist. Eben diesen Fragen sollen die folgenden Bemerkungen gelten.

Philosophischer Gehalt

Gegenstand der Schrift ist, wie der Titel anzeigt, die *vita beata*. Darunter ist indes nicht einfach ein Leben subjektiven Wohlbefindens zu verstehen. Vielmehr fragt die antike Philosophie, wo sie nach der εὐδαιμονία, dem εὖ ζῆν, der *beatitudo* oder der *vita beata* fragt, nach dem objektiv gelingenden, dem erfüllten, dem rechten Leben, als dessen Komponente dann auch das subjektive Wohlbefinden erscheinen kann, aber nicht muß. Dies gilt bereits für die vorsokratische Philosophie, soweit sie sich dieser Fragestellung zuwendet; es gilt für Platon und Aristoteles, in dessen Ethik der Begriff der εὐδαιμονία erstmals zentrale Bedeutung gewinnt; es gilt für die hellenistische Philosophie, die sich nun sogar vorrangig

2 Vgl. S. 117.

als Anleitung zum glücklichen Leben versteht; und es gilt für die römische Philosophie, die in der Tradition der hellenistischen steht.

Wie bestimmt Seneca die so verstandene *vita beata*? Welches ist die philosophische Position, die er vertritt? Seneca läßt hierüber keinen Zweifel aufkommen. Gleich in den Einleitungskapiteln gibt er unzweideutig an, daß er als Stoiker schreibe, wobei er aber keinem der Schulhäupter sklavisch folge, sondern sich das Recht auf eine eigene Meinung vorbehalte (3,2). Diese Aussage erweist sich als zutreffend: Senecas Position ist die stoische, aber eigene Akzente sind deutlich. Für die wichtigsten Punkte sei dies kurz ausgeführt.

Die Eudämonie liegt für die orthodoxe Stoa im ὁμολογουμένως ζῆν bzw. im ὁμολογουμένως τῇ φύσει ζῆν. Unabhängig davon, ob beide Formeln auf den Schulgründer Zenon zurückgehen oder nur die kürzere von ihm stammt und erst von seinem Nachfolger durch τῇ φύσει ergänzt wurde, besagen sie in stoischer Sicht gewiß dasselbe: Die Eudämonie liegt in der inneren Einheit und Harmonie des Lebens, für die seine Übereinstimmung mit der göttlichen Allnatur notwendige und hinreichende Voraussetzung ist.

In voller Entsprechung hierzu heißt es bei Seneca: *beata est ergo vita conveniens naturae suae* (3,3) bzw. *idem est ergo beate vivere et secundum naturam* (8,2) und ist dann auch von der inneren Einheit und Harmonie eines solchen Lebens die Rede: *quare audaciter licet profitearis summum bonum esse animi concordiam; virtutes enim ibi esse debebunt ubi consensus atque unitas erit: dissident vitia* (8,6).

Das göttliche Prinzip, das die Allnatur durchwaltet, ist für die Stoa der λόγος, die *ratio*, die Vernunft. Daraus ergibt sich, daß ein Leben, wenn es sich in Übereinstimmung mit der Natur befinden soll, von der Vernunft geleitet sein muß.

Seneca sieht dies nicht anders: *potest beatus dici, qui nec cupit nec timet beneficio rationis ...; non ... quisquam felicia dixerit, quibus non est felicitatis intellectus* (5,1); *beata ergo vita*

est in recto certoque iudicio stabilita et inmutabilis (5,3; vgl. ferner 6,2; 8,2).
Das Feld, auf dem sich die Vernunft vor allem zu bewähren hat, ist das der Bewertung der Dinge als Güter oder Übel. Es ist zugleich im Bereich der Ethik dasjenige Feld, auf dem sich die einzelnen Philosophenschulen am deutlichsten unterscheiden. Die Position der Stoa ist hierbei klar, wenngleich differenziert. Das einzige wirkliche Gut ist die moralische Gutheit, die Tugend, das einzige Übel die moralische Schlechtigkeit, das Laster. Alle anderen Dinge sind neutral (ἀδιάφορα, *indifferentia*). Das glückliche Leben, das Leben in Übereinstimmung mit der Natur, das vernunftgeleitete Leben wird sich somit dadurch auszeichnen, daß es auf die Tugend als das einzige Gut ausgerichtet ist.
Bereits der Schulgründer Zenon nimmt nun allerdings im Bereich der neutralen Dinge eine Stufung vor. Zwar ist deren Besitz im Hinblick auf die Eudämonie tatsächlich ohne Bedeutung, da diese allein durch die Tugend gesichert wird, doch sind wir von Natur aus darauf angelegt, einen Teil der eigentlich wertneutralen Dinge wie körperliche und geistige Gesundheit, Reichtum und Ansehen ihrem jeweiligen Gegenteil vorzuziehen. Dementsprechend wird der Vernünftige da, wo moralische Gutheit und Schlechtigkeit nicht in Frage stehen, den Erwerb oder Besitz dieser Dinge (προηγμένα, *praeposita*) dem ihrer Gegenteile (ἀποπροηγμένα, *reiecta*) vorziehen, ohne sich allerdings von ihnen in irgendeiner Weise abhängig zu machen.
Seneca übernimmt diese Güterlehre in beiden Punkten ohne Einschränkung. Immer wieder betont er, daß nur derjenige die *vita beata* verwirklichen wird, dem die Tugend als einziges Gut, die Schlechtigkeit als einziges Übel, alle anderen Dinge aber als wertneutral gelten: *summum bonum est animus fortuita despiciens, virtute laetus; ... beatum dicamus hominem eum, cui nullum bonum malumque sit nisi bonus malusque animus ...* (4,2); *ergo in virtute posita est vera felicitas* (16,1). Andererseits stellt er mehrfach fest, daß der Ver-

nünftige sich um die vorzuziehenden Dinge bemühen wird, wenn auch in dem klaren Bewußtsein, daß sie hinsichtlich der *vita beata* wertneutral sind, und also ohne sich innerlich an sie zu binden: *beata est ergo vita ... corporis sui pertinentiumque ad id curiosa non anxie, ... aliarum rerum quae vitam instruunt diligens sine admiratione cuiusquam, usura fortunae muneribus, non servitura* (3,3); *ait* [scil. *philosophiae studiosus*] *ista* [scil. προηγμένα] *debere contemni, non ne habeat, sed ne sollicitus habeat; non abigit illa a se, sed abeuntia securus prosequitur* (21,2; vgl. ferner 8,2; 23,4; 26,3).

Senecas Ausführungen über die *vita beata* stehen also in ihren Grundzügen fest auf dem Boden der orthodoxen stoischen Lehre. Eigene Akzente lassen sich vor allem an zwei Punkten konstatieren.

Der erste besteht in der auffälligen Betonung von innerer Harmonie, Freude und Heiterkeit als eines Momentes der *vita beata: intellegis sequi perpetuam tranquillitatem, libertatem ...; ingens gaudium subit, inconcussum et aequale* (3,4); *hunc* [scil. *animum*] *ita fundatum necesse est, velit nolit, sequatur hilaritas continua et laetitia alta atque ex alto veniens* (4,4). Zwar versucht die jüngste Darstellung der stoischen Ethik nicht ohne Überzeugungskraft plausibel zu machen, daß der Begriff der Eudämonie für die Stoa »Tugend als Disposition, tugendhaftes Handeln und eine glückliche Befindlichkeit ... der tugendhaften Person einschließt« und daß »das Verhältnis der Disposition zu Handlung und Empfindung von der Stoa nach Art der Beziehung von Ursache und Wirkung gedacht wird, und zwar derart, daß die Wirkung von der Ursache notwendig und immer geleistet wird«[3], doch steht dem etwa die Chrysipp zugesprochene Auffassung entgegen, daß »von den Gütern ein Teil bei allen Vernünftigen und immer vorhanden ist, ein Teil nicht; Tugend und vernünftige Wahrnehmung und vernünftiger Trieb und dergleichen bei allen Vernünftigen jederzeit vorhanden sind,

3 M. Forschner, *Die stoische Ethik. Über den Zusammenhang von Natur-, Sprach- und Moralphilosophie im altstoischen System*, Stuttgart 1981, S. 214.

Freude aber und Wohlgemutheit . . . weder bei allen Vernünftigen noch auch immer«[4]. Das mindeste, was sich sagen läßt, ist somit, daß die stoische Lehrmeinung an diesem Punkt nicht einhellig war und daß die Intensität, mit der Seneca die Freude als ein, wo nicht konstitutives, so doch mit Notwendigkeit vorhandenes Moment der *vita beata* hervorhebt, zum Tenor anderer stoischer Zeugnisse in Spannung steht.

Ähnliches läßt sich in bezug auf einen zweiten Punkt beobachten. Der zweite Teil der Schrift beschäftigt sich über weite Strecken mit der rechten Haltung gegenüber dem Reichtum. Auch in diesem Punkt aber finden sich innerhalb der Stoa unterschiedlich akzentuierte Stellungnahmen. Während die ältere Stoa den Reichtum wohl lediglich als ἀδιάφορον und προηγμένον qualifiziert hat, ohne die daraus sich ergebenden Probleme ausführlicher zu diskutieren, haben Vertreter der mittleren Stoa, wie Diogenes von Babylon, Antipater von Tarsos und Panaitios, die einschlägigen Fragen anscheinend eingehender behandelt und dabei die positiven Aspekte des Reichtums stärker hervorgehoben. Auch in diesem Fall befindet sich Seneca zwar nicht im Widerspruch zur älteren Stoa, steht aber den Vertretern der mittleren Stoa näher und geht möglicherweise auch über sie noch hinaus: Daß die Diskussion der Reichtumsproblematik weite Teile einer Abhandlung über das glückliche Leben beherrscht, dürfte im stoischen Schrifttum ebenso wenige Parallelen gehabt haben wie die Behauptung, daß manche προηγμένα zur ewigen, aus der Tugend entstehenden *laetitia* beitrügen und der Reichtum den Weisen erfreue (*exhilare*) *ut navigantem secundus et ferens ventus, ut dies bonus et in bruma ac frigore apricus locus* (22,3).

Trotz dieser individuellen inhaltlichen Akzente liegt das typisch Senecanische der Schrift weniger in ihrem philosophischen Gehalt als in ihrer literarischen Form.

4 *Stoicorum Veterum Fragmenta*, coll. J. v. Arnim, 4 Bde., Leipzig 1903–1924 [mehrere Nachdr.], Bd. 3, Frg. 103.

Literarische Form

Die knappe Zusammenfassung des philosophischen Gehaltes der Schrift könnte den Eindruck erweckt haben, hier werde zu einer bestimmten Problematik eine bestimmte Position systematisch entwickelt. Dies ist nicht der Fall. Senecas *De vita beata* wie seine anderen *dialogi* sind keine nüchternen wissenschaftlichen Abhandlungen – etwa im Stile der uns erhaltenen Schriften des Aristoteles. Andererseits sind sie auch von den Dialogen eines Platon oder Cicero durchaus verschieden. Von der Wiedergabe eines wirklichen oder fiktiven Gespräches kann nicht die Rede sein. Senecas *dialogi* sind vielmehr philosophische Essays mittleren Umfangs, die ein bestimmtes, nicht zu weit greifendes Thema abhandeln, indem sie dem Leser in einer Folge kleiner, ein bis zwei Kapitel umfassender Abschnitte wenige Grundgedanken mit suggestiver Eindringlichkeit nahebringen. Wichtigstes Mittel solcher Eindringlichkeit ist die Technik der variierenden Wiederholung. Sie dient dazu, das Grundsätzliche in immer neuen Akzentuierungen und Nuancierungen immer noch einmal zu sagen und auf diese Weise der Seele des Lesers so intensiv wie möglich einzuprägen. Auch Sprache und Stil sind auf Effekt und psychagogische Wirkung angelegt. Statt ausgewogener Perioden haben wir kurze, oft sentenzenhaft verknappte Sätze; eingängige Parataxe hat den Vorrang vor logisch differenzierender Hypotaxe; Pointen, Antithesen und eine oft verblüffende Metaphorik führen immer wieder zu schlagenden Formulierungen von starker Einprägsamkeit; dazu verleihen zahlreiche historische *exempla*, oft in anekdotischer Form, und zahlreiche Prosopopoiien dem Gesagten Anschaulichkeit und Nachdruck; kurz: die *dialogi* Senecas wollen den Leser weniger rational überzeugen als ihm durch gleichzeitige Ansprache verschiedener psychischer Schichten eine bestimmte Weltsicht und Lebenshaltung intensiv nahebringen.

Zur formgeschichtlichen Erklärung der *dialogi* ist auf zweier-

lei zu verweisen: auf die Tradition der sogenannten kynisch-stoischen Diatribe[5] und auf die Rhetorik und ihre besondere Bedeutung im Bildungs- und Literaturbetrieb der frühen Kaiserzeit.[6]

Der Begriff der Diatribe stammt aus dem Griechischen; er wird seit dem Ausgang des 19. Jahrhunderts allgemein als Bezeichnung der volkstümlichen moralphilosophischen Unterweisung hellenistisch-römischer Zeit verwendet. Als Begründer der Diatribe wird meist Bion von Borysthenes (3. Jh. v. Chr.) angesehen, der nach philosophischen Studien in Athen von einem gewissen Zeitpunkt an als Wanderprediger von Ort zu Ort zog und gegen Bezahlung seine erbaulichen, aber auch unterhaltsamen Predigten vortrug, die dann jeweils auch in schriftlicher Form in Umlauf kamen. Leider ist keine der Diatriben des Bion erhalten geblieben, so daß wir vor allem auf die Exzerpte und Fragmente aus den Vorträgen eines jüngeren Zeitgenossen, Teles von Megara, angewiesen sind, wenn wir uns von der frühen Diatribe ein Bild machen wollen. Anhand dieser Quelle läßt sie sich charakterisieren als »philosophische Unterweisung volkstümlichen Charakters

5 Zur Geschichte der Diatribe vgl. R. Bultmann, *Der Stil der paulinischen Predigt und die kynisch-stoische Diatribe*, Göttingen 1910 (Forschungen zur Religion und Kultur des Alten und Neuen Testamentes, 13); P. Wendland, »Philo und die kynisch-stoische Diatribe«, in: P. W. / O. Kern, *Beiträge zur Geschichte der griechischen Philosophie und Religion*, Berlin 1895, S. 1–75; P. W., »Die philosophische Propaganda und die Diatribe«, in: P. W., *Die hellenistisch-römische Kultur in ihren Beziehungen zu Judentum und Christentum*, Tübingen 1912 (Handbuch zum Neuen Testament I,2), S. 75–96; A. Oltramare, *Les origines de la diatribe romaine*, Genf 1926; W. Capelle / H. I. Marrou, Art. »Diatribe«, in: *Reallexikon für Antike und Christentum*, Bd. 3 (1957), Sp. 990–1009.

6 Zur Entwicklung der römischen Rhetorik in der frühen Kaiserzeit vgl. H. I. Marrou, *Histoire de l'éducation dans l'antiquité*, Paris 1948 [zahlreiche Neuaufl.], deutsch: *Geschichte der Erziehung im Klassischen Altertum*, München 1977 (dtv wissenschaftliche Reihe), S. 413–423; S. F. Bonner, *Roman declamation in the late republic and early empire*, Liverpool 1949, S. 27–70; M. L. Clarke, *Rhetoric at Rome. A Historical Survey*, London 1953, deutsch: *Die Rhetorik bei den Römern*, Göttingen 1968, S. 113–141; S. F. Bonner, *Education in Ancient Rome*, London 1977, S. 97–111.

mit vorwiegend ethischem Inhalt«[7], gehalten in einem eingängigen, vorwiegend parataktischen Stil, für den die Verwendung zahlreicher Mittel einer nicht zu anspruchsvollen Rhetorik wie Isokolon, Parallelismus, Antithese, rudimentärer Dialog mit einem anonymen Zwischenredner, Personifikation, Wortspiel, Scherz, Dichterzitat, Anekdote, mythisches und historisches Exempel charakteristisch ist.

Obwohl kaum ein Zweifel an dem ununterbrochenen Fortleben der Diatribe in mündlicher wie schriftlicher Form bestehen kann, reißt ihre Tradition für uns nach Teles erst einmal ab, bis im 1. Jh. v. Chr. bei so verschiedenen Autoren wie Cicero (in den *paradoxa Stoicorum*) und Horaz (in den *Satiren*) wieder deutliche Einflüsse des Diatribenstils greifbar sind. Ihre zweite Blüte erlebt die Diatribe dann an der Wende zum 2. Jahrhundert n. Chr. – hier sind vor allem der Römer Musonius (um 30–100) und sein bedeutenderer griechischer Schüler Epiktet (um 50–120) zu nennen. Zeitlich noch vor die Diatriben des Musonius und des Epiktet fallen freilich die *dialogi* Senecas, deren Verwandtschaft mit den predigthaften volkstümlichen Unterweisungen eines Bion und eines Teles nicht zu übersehen ist und die man deswegen zu Recht immer wieder in deren Tradition gestellt hat.

Dennoch wird man bei ihrer formgeschichtlichen Erklärung einen anderen Faktor nicht unberücksichtigt lassen dürfen: die römische Rhetorik in ihrer frühkaiserzeitlichen Gestalt.

Die Veränderung der politischen Verhältnisse durch die Etablierung des Prinzipats konnte auf die gesellschaftliche Bedeutung und die Eigenart der römischen Rhetorik nicht ohne Auswirkung bleiben. Der Umstand, daß zum einen die großen Strafrechtsprozesse mehr und mehr aus der Öffentlichkeit verschwanden (und schließlich meist im privaten *consilium* des Prinzeps verhandelt wurden) und zum anderen der Senat als politisches Entscheidungsgremium zunehmend in

7 Capelle/Marrou (s. Fußn. 5), Sp. 998.

den Hintergrund gedrängt wurde, mußte die Redekunst unausweichlich um die zentrale Bedeutung bringen, die sie in der ausgehenden Republik als Mittel öffentlicher Wirksamkeit gewonnen hatte. Das Verblüffende ist nun aber, daß dadurch keineswegs, wie man erwarten könnte, auch der rhetorische Unterricht obsolet wird. Im Gegenteil: Ihres ursprünglichen Zweckes als wesentliches Element der Vorbereitung auf die öffentliche Tätigkeit beraubt, wird die rhetorische Ausbildung jetzt zum Selbstzweck. Rhetorisches Vermögen wird zum Inbegriff literarisch-ästhetischer Bildung, die nun erstmals in Rom als Wert an sich empfunden wird, und das Zurschaustellen solchen Vermögens beim öffentlichen Vortrag von *declamationes* (ursprünglich: Übungsreden) kann für einschlägig begabte Mitglieder der oberen Gesellschaftsschichten geradezu zu einem Surrogat für die nicht mehr mögliche aktive Teilnahme an der Gestaltung der politischen Wirklichkeit werden. Daß sich hierbei ein besonderer Redestil entwickelt, kann ebensowenig verwundern, wie daß dieser Stil intensiv auf die Literatur der Zeit, sowohl auf Dichtung als auch auf Prosa, abzufärben beginnt. Bedingt ist dieser Stil durch die besondere Kommunikationssituation: Anders als die forensische Rede ist die *declamatio* nicht einmal mehr auf die Erreichung eines bestimmten Überredungszieles, sondern allein darauf ausgerichtet, den Zuhörer im Augenblick und für den Augenblick zu beeindrucken und hinzureißen. Dementsprechend unwichtig wird die Makrostruktur solcher Reden. Worauf es ankommt, das ist die wirkungsvolle Formulierung kleinerer, dem Publikum auch beim ersten Hören faßbarer Einheiten. Die gekonnt gesetzte Metapher, das geistreiche Wortspiel, die unerwartete Pointe, die griffige Sentenz sind die bevorzugten Stilmittel dieser neuen Rhetorik wie der von ihr beeinflußten Literatur.

Angesichts der Tatsache, daß Seneca durch seinen Vater von Jugend auf bestens mit dem rhetorisch-literarischen Leben

der Zeit vertraut war[8] und sich später selbst überaus erfolgreich als Redner betätigte, wäre es ein grobes Versäumnis, wenn man zur Erklärung der literarischen Form von Senecas *dialogi* nicht auch auf die zeitgenössische Rhetorik verwiese.

Diese Behauptung steht zu dem Hinweis auf die Tradition der Diatribe nicht im Widerspruch. Beide Erklärungen sind komplementär. Weil der Zeitgeschmack so war, wie er war, und weil Seneca ihn teilte, lag es für ihn nahe, sich in seinen philosophischen Traktaten an diejenige Form philosophischer Publizistik zu halten, die diesem Geschmack am ehesten entsprach. Kleinere Abhandlungen über zentrale Themen der Lebensführung in literarisch gehobenem Diatribenstil: das war etwas, was seinem Geschmack und seiner Begabung entsprach und wovon er annehmen konnte, daß es seine Wirkung auf das rhetorisch-literarisch gebildete und philosophisch interessierte Publikum nicht verfehlen werde.

Aufbau

Ein wichtiger Aspekt der literarischen Form einer Schrift ist die Eigenart ihres Aufbaus. *De vita beata* baut sich aus den oben erwähnten kleinen Einheiten von ein bis zwei Kapiteln Umfang auf, wobei das wichtigste Strukturprinzip das der variierenden Wiederholung ist. Es sei an einigen Kapiteln (3–6), die der Bestimmung der *vita beata* und ihrer Voraussetzungen dienen, kurz erläutert.

Der erste einschlägige Abschnitt (3,3.4) bietet zunächst eine erste Definition der *vita beata*, die als Leben in Übereinstim-

8 Erwähnenswert in diesem Zusammenhang: Unsere wichtigste Quelle für die Deklamationsrhetorik sind die *controversiae* und *suasoriae* des älteren Seneca. Sie enthalten Auszüge aus den Deklamationen der bekanntesten Redner der frühen Kaiserzeit, die der Verfasser, wie er selbst in der Praefatio sagt, für seine Söhne auf deren Bitte hin zusammengestellt hat, um ihnen einschlägiges Anschauungsmaterial an die Hand zu geben.

mung mit der Natur bestimmt wird, und nennt eine Reihe von Voraussetzungen, an die ihre Verwirklichung gebunden ist; alle betreffen die *mens*: sie muß gesund sein, sie muß sich durch Tapferkeit, Kraft, Leidens- und Anpassungsfähigkeit und durch die richtige Haltung gegenüber den ἀδιάφορα auszeichnen (3,3). Der zweite Teil des Abschnittes bringt ein zweites, »sekundäres« Moment der *vita beata* zur Sprache: die positive seelische Gestimmtheit als notwendige Folge (*sequi*) der guten Disposition der *mens: tranquillitas, libertas, gaudium, pax, concordia, magnitudo cum mansuetudine* (3,4). Der zweite Abschnitt (4) weist dieselbe Zweiteilung auf. Zunächst geht es um die Bestimmung der *vita beata* bzw. der rechten Haltung des *animus*, die ihre notwendige und hinreichende Voraussetzung darstellt (4,1–3); darauf folgt die Charakterisierung der positiven Stimmung, die sich als unausweichliche Konsequenz (*sequatur*) aus der richtigen Disposition des *animus* ergibt: *hilaritas, laetitia, quies mentis, gaudium, comitas et diffusio animi* (4,4.5).
Der Wiederholungscharakter ist unübersehbar. Aber auch die Variation in der Wiederholung ist deutlich. Betont 3,3 neben der notwendigen Unabhängigkeit von den ἀδιάφορα auch das erlaubte Interesse an diesen, so legen 4,1–3 den Akzent eindeutig auf die Forderung, sich über die Sphäre der neutralen Dinge zu erheben und Tugend und Schlechtigkeit als einziges Gut und Übel anzusehen; verweist 3,4 auf die Überlegenheit der aus der Tugend erwachsenden inneren Freude über den physischen Genuß, so insistieren 4,4.5 mit Nachdruck darauf, daß Lust und Schmerz verachtet werden müssen, wenn sich das unschätzbare Gut der Seelenruhe einstellen soll.
Interessant ist, daß an der Stelle, an der das Prinzip der variierenden Wiederholung zum ersten Mal, und zwar sofort mit aller Macht, wirksam wird, nämlich zu Beginn des zweiten Abschnittes (nicht nur eine zweite, sondern auch eine dritte, vierte und fünfte Definition der *vita beata* werden angeboten), Seneca sein Vorgehen reflektiert und in einem Gleichnis

erläutert (4,1): »Wie dasselbe Heer sich bald weiter auseinanderzieht, bald auf engem Raum zusammendrängt und sich entweder mit zu den Flügeln hin gekrümmtem Zentrum in einem Bogen formiert oder aber in gerader Front entfaltet und dennoch, wie immer es aufgestellt ist, dieselbe Kraft und denselben Willen, für dieselbe Seite einzustehen, besitzt, so kann die Bestimmung des höchsten Gutes das eine Mal ausgedehnt und ausgeweitet, das andere Mal verdichtet und in sich zusammengezogen werden.« Das Bild ist aufschlußreich. Die Formulierung eines Textes wird von Seneca offensichtlich als ein Akt verstanden, der weniger darauf abzielt, den Leser durch eine stringente logische Argumentation zu überzeugen, als durch rhetorische Psychagogie zu überwältigen, wobei ein entscheidendes Mittel solcher Psychagogie eben das der variierenden Wiederholung ist.

Auch der nächste Abschnitt (5.6) entspricht diesem Muster. Er bietet neue Beschreibungen der *vita beata* bzw. des *beatus*, die einerseits an bereits Gesagtes anschließen, andererseits ein neues Moment, nämlich die Vernunft, ins Spiel bringen: *beneficio rationis* (5,1); *recto certoque iudicio* (5,3); *iudicii rectus*; *ratio* (6,2).

Doch noch ein Zweites ist bemerkenswert. In 5.6 schiebt sich neben der direkten (stoischen) Charakterisierung der *vita beata* zum ersten Mal die Auseinandersetzung mit dem Epikureismus in den Vordergrund. Implizit war sie schon in den beiden ersten Abschnitten geführt worden, wo in 3,4 das *ingens gaudium* als Folge der rechten Haltung des *animus* mit den *voluptates* verglichen, in 4,4.5 die Verachtung von *dolor* und *voluptas* als Voraussetzung jener positiven seelischen Gestimmtheit betont worden war. Jetzt aber erhält der Vertreter der Gegenposition zum ersten Mal selbst das Wort, wenn auch nur zu dem kurzen Hinweis, daß auch der *animus* seine *voluptates* habe (6,1). Zwar führt die Entgegnung auf diese Bemerkung alsbald auf eine erneute Umschreibung dessen zurück, was in stoischer Sicht die *beatitudo* ausmacht (6,2: *beatus ergo est* ...), doch ist der Boden dafür bereitet,

daß im Folgenden die Auseinandersetzung mit dem Epikureismus endgültig die Oberhand gewinnen kann.
Soweit zum Prinzip der variierenden Wiederholung.
Was den Gesamtaufbau der Schrift betrifft, so hat man in ihrem Einleitungsparagraphen bisweilen einen Hinweis auf eine große Zweiteilung entdecken wollen:[9] der erste Teil der Schrift behandle das Ziel, die *vita beata*, der zweite den Weg zu diesem Ziel. Diese Ansicht ist jedoch zu Recht zurückgewiesen worden.[10] Wo Seneca Gliederungshinweise gibt, da sind sie eindeutiger als solche kenntlich gemacht. Am Anfang von *De vita beata* geht es ihm um die Reihen- und Rangfolge der genannten Aufgaben (Bestimmung des Zieles und Bestimmung des Weges) im Leben, nicht in seiner Schrift. Diese gliedert sich zwar in zwei Teile, aber in der Weise, daß der erste Teil der Bestimmung sowohl der *vita beata* als auch der Bedingung für ihre Verwirklichung dient, während sich der zweite Teil von der Sachproblematik abwendet und die Frage nach dem Verhältnis von Lehre und Leben angeht. Mit dieser Zweiteilung ist ein Interpretationsproblem gegeben, das uns gleich noch beschäftigen wird. Doch sei zunächst der Aufbau der Schrift im einzelnen dargestellt.

1–16	***vita beata***
1,1.2	Formulierung der *Aufgabe*: Bestimmung der *vita beata* und des Weges zu ihr
1,3–3,1	erste *Annäherung* (ex negativo): *non usitatissimum; non in speciem bonum*
3,2.3	Angabe des eigenen *Standortes*: Stoa; Festlegung des *Grundaxioms*: *non deerrare a rerum natura*
3,3.4	erste *Bestimmungen* der *vita beata*: *sana mens ... sequi perpetuam tranquillitatem ...*

9 Vgl. etwa P. Grimal, *L. Annaei Senecae De Vita Beata – Sénèque, Sur le bonheur*, édition, introduction et commentaire, Paris 1969, S. 7 (Einl.) und S. 82 (Komm. zu 17,1).
10 W. Stroh, »De dispositione libelli quem de vita beata Seneca scripsit«, in: *Festschrift F. Egermann*, München 1985, S. 141–145.

4	weitere *Bestimmungen*: *animus fortuita despiciens ... sequatur hilaritas continua*
5.6	weitere *Bestimmungen*: *qui nec cupit nec timet beneficio rationis*
	5,4–6,1 Parenthese mit erstem (epikureischem) *Einwurf* des Interlokutors
7–8,1	*Auseinandersetzung* mit dem Epikureismus: gegen den Satz: *non posse voluptatem a virtute diduci*
8,2–6	weitere *Bestimmung*: *incorruptus vir ... constantia ... animi concordia*
9	*Auseinandersetzung* mit dem Epikureismus: gegen den Vorwurf: *virtutem non ob aliud colis quam quia speras voluptatem*
10–12,2	*Auseinandersetzung* mit dem Epikureismus: gegen den Satz: *neminem posse iucunde vivere nisi simul et honeste vivit*
12,3–14,3	*Auseinandersetzung* mit dem Epikureismus: Gefahr der Epikureischen Lehre unabhängig von der Lauterkeit Epikurs; Konsequenz: *virtus antecedat, comitetur voluptas*
15	*Auseinandersetzung* mit dem Epikureismus / dem Peripatos/Kalliphon/Antiochos?[11]: gegen den Vorschlag: *in unum virtutem voluptatemque confundi*; verbunden mit weiterer *Bestimmung*: *deo parere*
16	*Ergebnis*: *in virtute posita est vera felicitas*
17–28	**Lehre und Leben**
17–20	*allgemein*
17	gegen den Vorwurf: *quare fortius loqueris quam vivis?*

11 Zur Frage, mit wem sich Seneca hier auseinandersetzt, zuletzt F.-R. Chaumartin, »Les désillusions de Sénèque devant l'évolution de la politique néronienne et l'aspiration à la retraite: le *De vita beata* et le *De beneficiis*«, in: *Aufstieg und Niedergang der römischen Welt* (ANRW), Bd. II,36,3, Berlin / New York 1989, S. 1686–1723, 1694–97.

18–19,2	gegen den Vorwurf: *aliter loqueris, aliter vivis*
19,3	gegen die These: *neminem praestare, quae loquitur*
20	gegen die These: *non praestant philosophi, quod loquuntur*
21–28	*speziell (Reichtum)*
21.22	innere Unabhängigkeit des *philosophiae studiosus* gegenüber dem Reichtum
23,1–4	Rechtlichkeit des Reichtums des Philosophen
23,5–24,3	Freigebigkeit des Philosophen
24,4	*studiosus sapientiae* und *adeptus sapientiam*
24,4–Ende	*Prosopopoiie*: *sapiens*/Sokrates
24,5	Reichtum kein Gut, aber nützlich
25,1–5a	innere Unabhängigkeit des Weisen von seinem äußeren Zustand
25,5b–8	Tugenden, die des Stachels, und Tugenden, die des Zügels bedürfen
26,1–3	Unterschied Weiser – Tor: Bewußtsein beständiger Gefährdung – gedankenlose Sicherheit
26,4–6	Unerschütterlichkeit des Weisen
26,7.8	Ermahnung der Gegner
27,1–3	Unerschütterlichkeit des Weisen
27,4–28,1	Ermahnung der Gegner

Einheit – Wirkabsicht – Entstehungszeit

Die Tatsache, daß sich *De vita beata* in der beschriebenen Weise in zwei Teile gliedert, bietet ein Interpretationsproblem, insofern sie die Einheit der Schrift in Frage stellt. Dies gilt weniger im Hinblick auf den philosophischen Gehalt und die literarische Form. Die philosophische Position der Schrift ist durchgehend die stoische, die literarische Form in beiden Teilen die des *dialogus*. Fragt man aber nach der Wirkabsicht der Schrift, so scheint eine doppelte Antwort zunächst unausweichlich. Die erste Hälfte von *De vita beata* scheint den

Leser wie die meisten *dialogi* Senecas zur rechten Weltsicht und Lebenshaltung hinführen zu wollen, die zweite Hälfte dagegen unternimmt es, ihn von der Glaubwürdigkeit und der Untadeligkeit der Philosophen, und das heißt nicht zuletzt: Senecas selbst, zu überzeugen. Teil 1 dient der Psychagogie des Lesers um seiner selbst, Teil 2 seiner Psychagogie um Senecas willen.

Indes stehen beide Wirkabsichten miteinander in Zusammenhang.

Senecas philosophische Schriftstellerei ist weitgehend (wie im ersten Teil von *De vita beata*) Seelenführung, die den Leser nicht nur rational zu überzeugen, sondern in seiner Weltsicht und Lebenshaltung ganzheitlich zu beeinflussen sucht. Da nun weniger rational argumentiert als Psychagogie getrieben wird, hängt die Überzeugungskraft des Vorgetragenen in hohem Maß von der *fides*, der Glaubwürdigkeit, des Vortragenden ab. Das aber heißt, daß dieser in dem Augenblick, in dem seine *fides* ins Zwielicht gerät, alles versuchen muß, um sie aufs neue ins rechte Licht zu setzen. Genau das ist es, was Seneca im zweiten Teil von *De vita beata* tut.

Warum aber tut er es gerade hier? Das hat gewiß mit der Thematik dieser Schrift zu tun. Wo den Lesern eine bestimmte Weise der Lebensführung nahegebracht werden soll, da stellt sich die Frage, wie es um das Verhältnis von Lehre und Leben des Autors bestellt ist, mit besonderer Dringlichkeit. Ein zweiter Grund aber dürfte in den persönlichen Umständen Senecas zum Zeitpunkt der Abfassung der Schrift liegen: *De vita beata* ist nach allem, was wir wissen, in den Jahren entstanden, in denen der Philosoph auf dem Höhepunkt seiner Macht und seines Reichtums stand und also die Glaubwürdigkeit seines Stoizismus besonders gefährdet war.

Wie für viele Schriften Senecas fehlen auch für *De vita beata* äußere Zeugnisse, die uns über die Entstehungszeit Aufschluß gäben. Wir sind somit auf innere Evidenz, auf Rück-

schlüsse aus Indizien, die das Werk selbst zur Verfügung stellt, angewiesen.

Ein erstes dieser Indizien stellt der Name des Adressaten dar: Gallio (1,1). Es handelt sich um Senecas älteren Bruder Annaeus Seneca Novatus, der als erwachsener Mann von L. Iunius Gallio, dem Redner, adoptiert wurde und von da an den Namen L. Iunius Gallio Annaeanus trug. Da der Bruder in *De vita beata* als Gallio angesprochen wird, stellt seine Adoption durch den Rhetor einen *terminus post quem* für die Abfassung der Schrift dar. Leider ist der genaue Zeitpunkt der Adoption unbekannt. Sie muß jedoch nach dem Tod des Caligula (41) erfolgt sein, da Senecas Schrift *De ira*, die den Tod Caligulas voraussetzt, dem Bruder noch als Novatus gewidmet ist. *De vita beata* ist also nach *De ira* (relative Chronologie) und damit nach 41 (absolute Chronologie) entstanden.

Ein zusätzliches Stück innerer Evidenz ist für uns das Bild, das die Schrift von der sozialen Situation Senecas vermittelt: Der Autor von *De vita beata* lebt offensichtlich in glänzenden Verhältnissen (passim), er besitzt Einfluß und Macht (2,4). Damit scheiden sowohl die Jahre des Exils (41–49) als auch die Jahre nach dem Rückzug ins Privatleben (62–65) als mögliche Abfassungszeiten aus. Zugleich ergibt sich eine gewisse Wahrscheinlichkeit, daß die Schrift nach der Thronbesteigung Neros (54) und vor Beginn der Entfremdung zwischen dem jugendlichen Kaiser und seinem Berater (59) entstanden ist.

Eine solche Datierung in die zweite Hälfte der 50er Jahre wird weiter durch eine Passage in den Annalen des Tacitus (13,42 f.) gestützt, aus der hervorgeht, daß in einem vielleicht von Seneca lancierten Prozeß des Jahres 58 der Angeklagte P. Suillius gegen den Philosophen gerade solche Vorwürfe erhob, wie dieser sie im zweiten Teil von *De vita beata* zurückzuweisen scheint. »Suillius«, so heißt es bei Tacitus, »hielt sich von Klagen und Vorwürfen nicht zurück. Von Hause aus rücksichtslos, trat er als ein Mann in den höchsten

Jahren noch freimütiger auf und schalt auf Seneca, der ein Feind von Claudius' Freunden sei und während dessen Regierungszeit mit vollem Recht in der Verbannung habe leben müssen.« Nach ersten Ausfällen wegen Senecas angeblichem Ehebruch mit einer der Töchter des Germanicus geht der Taciteische Suillius auf den Reichtum Senecas ein: »Wie hat er es gemacht, durch seine Weisheit, seine philosophischen Lehrsätze in vierjähriger Freundschaft mit dem Prinzeps 300 Millionen Sesterzen zusammenzuraffen? In Rom weiß er die kinderlosen Erblasser in seine Netze zu locken, in Italien und den Provinzen stöhnt alles unter den riesigen Zinssätzen, die ihm zufließen. Was habe ich dagegen? Ein kleines, durch Arbeitsamkeit erworbenes Vermögen. Und lieber will ich vor Gericht stehen, Gefahren und Verfolgungen zu erdulden haben, als mich mit meinem alten, selbsterworbenen Namen vor einem Glücksritter beugen.«

Natürlich braucht *De vita beata* nicht Senecas unmittelbare Reaktion auf die von Suillius vorgebrachten Beschuldigungen darzustellen, aber die Entsprechung zwischen diesen und dem apologetischen zweiten Teil der Schrift macht deutlich, daß die ökonomische und gesellschaftliche Situation Senecas in den ersten Regierungsjahren Neros (54–59) tatsächlich einen höchst passenden Hintergrund für die Abfassung von *De vita beata* abgeben würde.

Wenn *De vita beata* in der zweiten Hälfte der 50er Jahre entstanden ist, dann ist die Zielrichtung des zweiten Teils der Schrift wohl verständlich. In diesen Jahren, in denen Seneca nicht nur mächtig, sondern auch reich war und reicher wurde, war seine Glaubwürdigkeit als philosophischer Schriftsteller, der sich vor allem als Erzieher und Seelenleiter verstand, in Frage gestellt. Zumal in einer Schrift, in der es um die Grundsätze der rechten Lebensgestaltung ging, war es deswegen notwendig, das Problem des Verhältnisses von Lehre und Leben aufzugreifen und zu den einschlägigen Vorwürfen zumindest in allgemeiner Form Stellung zu nehmen. Indem der zweite Teil der Schrift darlegt, daß auch ein Philo-

soph die προηγμένα genießen und zumal reich sein darf, wofern er nur seine innere Unabhängigkeit gegenüber diesen Dingen bewahrt, dient er dazu, den Darlegungen des ersten Teils ihre Wirkung zu sichern. Indem er zeigt, daß Reichtum und Macht einen Philosophen nicht unglaubwürdig machen, erhält er der Lehre von einer *vita beata*, die in nichts anderem als der *virtus* gründet, ihre Überzeugungskraft. In diesem Sinn bilden beide Teile der Schrift ein vielleicht nicht völlig einheitliches, aber doch sinnvolles Ganzes.

Lehre und Leben

Nun kann Literatur die Übereinstimmung von Lehre und Leben zwar eloquent suggerieren, aber nicht erweisen. Seneca war sich dessen wohl bewußt. Ihm war klar, daß er als philosophischer Seelenlenker mindestens ebenso wie durch seine Schriften durch sein Leben wirken mußte. Wie groß nun war dessen Übereinstimmung mit allem, was Seneca in seinen Schriften verkündete?

Natürlich kann diese Frage hier nicht umfassend behandelt werden. Aber auf einen wesentlichen Punkt sei doch eingegangen. Das Hauptargument Senecas bei seiner Verteidigung des die προηγμένα genießenden Philosophen ist die These, daß deren Genuß die innere Unabhängigkeit von ihnen keineswegs ausschließt und der Philosoph auf sie, wenn die Umstände es verlangen, ohne Schmerz und Reue verzichten wird.

Die letzte Phase seines Lebens bot Seneca Gelegenheit, zu zeigen, daß diese Lehren keine leeren Phrasen waren. Auch wer ihm nicht wohlgesonnen ist, wird zugestehen müssen, daß er diese Gelegenheit ergriffen hat.

Als die Entwicklungen zu Beginn der 60er Jahre es nicht mehr angebracht erscheinen ließen, weiterhin im Machtzentrum des kaiserlichen Hofes zu verbleiben, bat Seneca Nero in einer von Tacitus eindrucksvoll geschilderten Audienz (Ann.

14,53–56) um die Erlaubnis, sich ins Privatleben zurückziehen und ihm seine Schenkungen zurückgeben zu dürfen. Sein ehemaliger Zögling lehnte dies in einer Rede, die dem früheren Lehrmeister Ehre machte, mit aller Höflichkeit ab. Gleichwohl führte Seneca von diesem Zeitpunkt an, Krankheit vorschützend, ein Leben philosophischer Beschaulichkeit fern der Macht und in aller äußeren Bescheidenheit. Und als der Brand Roms den von der Idee eines großangelegten Neuaufbaus faszinierten Kaiser für solche Spenden empfänglicher machte, gab er Nero tatsächlich große Teile seiner früheren Schenkungen zurück.
Wie von den προηγμένα des Reichtums und der Macht verstand Seneca schließlich auch von dem προηγμένον des Lebens Abschied zu nehmen. Als ihm im Zusammenhang mit der Aufdeckung der Pisonischen Verschwörung der Selbstmord befohlen wurde, kam er dem Befehl ohne Zögern und mit Entschlossenheit nach.
Mit diesen Bemerkungen sollen die entscheidenden Punkte der hier angesprochenen Problematik wie die Morde an Britannicus und Agrippina, die Seneca nicht veranlaßt hatte, aber mit denen er zu leben verstand, oder auch sein während der ersten Regierungsjahre Neros ins Unendliche wachsender Reichtum nicht beiseitegeschoben werden. Es sollte lediglich angemerkt werden, daß Seneca die Lehren, die er auf dem Höhepunkt seiner Macht und seines Ansehens in *De vita beata* verkündet hatte, in der kritischen letzten Phase seines Lebens selbst befolgte und nun nicht nur durch Worte, sondern auch durch das Bild seines Lebens[12] lehrte, wie seiner Auffassung nach ein Weiser handeln soll.

12 Vgl. Tacitus, Ann. 15,62,1: *Ille interritus poscit testamenti tabulas; ac denegante centurione conversus ad amicos, quando meritis eorum referre gratiam prohiberetur, quod unum iam et tamen pulcherrimum habeat, imaginem vitae suae relinquere testatur …*